세 살 **배려** 여든 간다

세 살 **배려** 여든 간다

ⓒ 한명숙, 2025

초판 1쇄 발행 2025년 10월 2일

지은이   한명숙
펴낸이   이기봉
편집   좋은땅 편집팀
펴낸곳   도서출판 좋은땅
주소   서울특별시 마포구 양화로12길 26 지월드빌딩 (서교동 395-7)
전화   02)374-8616~7
팩스   02)374-8614
이메일   gworldbook@naver.com
홈페이지 www.g-world.co.kr

ISBN   979-11-388-4776-6 (03370)

부모와 교사를 위한 유아 배려 인성교육 실천

세 살 배려 여든 간다

| 한명숙 지음 |

좋은땅

머리말

. . . .

'될성부른 나무는 떡잎부터 알아본다'는 말이 있다.

이 속담은 '장래성이 있는 사람은 어릴 때부터 남다른 점이 있다'는 것을 비유적으로 이르는 말이다. '잘 될 사람은 어릴 적부터 미리 정해진 듯한' 어감으로 종종 사용하기도 해서 교육자로서 보기에 별로 느낌이 좋지 않을 때가 있다. 타고난 성품과 기질은 개인의 고유한 성격이지만, 가정과 교육기관에서의 좋은 교육을 통해서 장래성은 좌우될 수 있다고 보기 때문이다.

'세 살 버릇 여든 간다'는 말이 있다.

어린 시절 형성된 습관이나 버릇은 평생 영향을 미친다. 어린 시절의 경험과 학습은 뇌 발달과 성격 형성에 큰 영향을 미치며, 이는 성인이 되어서도 쉽게 변하지 않는다는 것을 의미한다. 어린 시절 어떤 생활습관을 들이느냐에 따라서 한 사람의 인생이 좌우되는지를 기대하며 바라보고 함께 노력하는 것이 더 멋진 일이다. 한 사람의 좋은 인성은 그렇게 수많은 사람의 노력으로 이루어진다.

　진화의 관점에서 볼 때 인간은 사회적 관계를 맺고 협동함으로써 생존과 번영을 이룩할 수 있었다. 취학전 아동의 일부만 다른 사람과 자신의 자원을 공유하는 것으로 알려져 있었으나, 15개월 된 영아들 중에서도 이타적 행동을 하는 모습이 종종 관찰된다. 남을 배려하는 이타적 행동이 영아기부터 발휘되기 시작한다면 "세 살 버릇 여든 간다"는 말처럼 어린시절에 몸에 밴 배려가 여든까지, 평생의 인성과 인격의 기초가 될 수 있다.

　유수의 명문 대학을 졸업하고 사회적으로 높은 지위에 오른 사람이라 하더라도 타인을 존중하고 배려하는 기본 인성을 기르지 못한 사람은 조직 구성원들에게 외면받고 가족들과도 따듯한 애정적 관계를 형성하지 못하는 부작용이 나타난다.

　진화생물학의 관점에서 유전자의 자기복제를 이기적인 관점으로 본 리처드 도킨스(《이기적 유전자》)의 설명보다는, 긍정적인 삶의 자세로 공통체에 기여하는 사람들의 행동이 염증과 같은 유전자 활동의 부정적 요소를 낮춘다는 요하임 바우서(《공감하는 유전자》)의 설명이 더 큰 지지를 받는다. 이타심과 배려심은 자기 자신의 건강과 행복의 질을 높이는 데에 중요한 기초가 된다는 말이다.

　배려하는 마음은 상대방의 입장을 이해하는 공감능력에서 비롯

되고, 상대방의 생각과 감정을 객관적으로 이해하는 인지적인 공감(cognitive empathy)과 상대방의 감정을 함께 느끼는 감정적인 공감(emotional empathy)이 조화를 이룬다. 공감 수준이 높은 유아는 자기중심적인 입장에서 벗어나 타인의 감정에 대해 관심을 갖고 배려하여 원만한 대인관계를 형성할 수 있고, 공감을 잘하는 유아는 타인의 입장을 이해하고 정서적인 감정을 잘 나누기 때문에 상대방을 돕고 배려하는 친사회적 행동(prosocial behavior)의 빈도가 높아진다. 이처럼 공감능력은 다른 사람의 감정이나 상황에 대한 이해를 높여 문제를 해결하거나 의사결정에 긍정적 영향을 미치므로 유아의 사회성 발달을 위해 반드시 갖추어야 하는 능력이다.

본문에서 공감의 발달과정을 소개하고 공감과 배려의 관계를 설명하였으며, 부모와 교사가 일상에서 적용해 볼 수 있는 실천방법과 배려교육 프로그램에서 다루는 공감교육활동을 중요하게 다루었다.

또한, 유아의 배려 인성 발달에 영향을 미치는 다양한 요인들을 설명함으로써 가정에서와 유아교육기관에서 중점을 두고 실천해야 하는 동기를 부여하고자 하였다.

그리고, 유아의 배려행동을 길러 주는 실천 프로그램을 다양하게 소개하여 유아교육기관에서 가정과 연계하여 이를 적용할 수 있도록 다양한 자료를 제공하였다.

이 책은 저자가 유아 배려 인성교육을 주제로 박사학위 논문을 연구하면서 정리했던 것과 이후 최근까지의 국내외 연구자료들, 그리고 저자의 오랜 교육현장에서의 경험들을 종합하여 정리한 것이다. 이 책에 소개된 내용은 영유아기 자녀를 양육하는 부모와 어린이집, 유치원의 교사들에게 아이들이 배려심을 기르는 데에 필요한 다양한 이론적, 실천적 정보를 제공한다. 초등학교 저학년 자녀를 둔 부모들에게도 좋은 길잡이가 되어 줄 것이다.

유아기 아동을 양육함에 있어서 자신과 타인과 자연환경 및 사회공통체를 향해 배려하는 마음씨가 가득한 사람으로 성장시키려는 의지를 가진 모든 부모들과 교사들의 애정 어린 마음과 정성에 작은 도움이 되기를 바라는 마음으로 이 책을 드린다. 배려심으로 충만한 사람은 가정과 사회를 따듯하게 변화시킬 뿐 아니라, 그 자신도 행복하고 사랑받는 존재로 살아간다는 명징한 사실을 기억하며 책장을 넘기시기 바란다.

차례

머리말 · 4

1장 세 살 배려 여든 간다

남을 배려하는 마음은 언제부터 생길까 · 12

이기적 유전자 vs 공감하는 유전자 · 14

인공지능 시대의 배려 인성교육 · 17

유아기 배려 인성교육의 의미 · 20

2장 배려행동의 구성 요소

배려의 개념과 정의 · 25

배려적 사고와 배려행동 · 30

공감과 배려의 콜라보 · 42

3장 배려행동에 영향을 주는 요인들

유아 인성 발달 – 가정환경과 부모의 "지대한" 영향 · 65

유아기 아동의 배려행동 발달 영향요인 분석 · 80

유아기 아동의 배려행동 발달을 위한 제언 · 117

4장 배려행동 기르기

4H 통합 인성 교육 · 122

유아기 배려행동 증진 방안 · 124

배려행동 증진 교육 프로그램 · 133

맺음말 · 193

참고문헌 · 195

1장

세 살 배려
여든 간다

남을 배려하는 마음은
언제부터 생길까

취학 전 아동은 다른 사람과 자원의 일부를 공유하고(1/3 미만)[1] 만 7~8세 정도가 되면 비로소 절반씩 공평하게 분배하는 공유행동을 한다.[2] 남을 배려하는 행동은 적어도 유아기 만 3세 이후에나 가능한 것으로 알려져 있었다. 그런데 15개월 된 영아들 48명을 대상으로 한 실험에서 첫 돌이 갓 지난 영아기에도 간식이나 장난감을 공유하는 등 남을 배려하는 모습이 관찰되었고, 불공정한 분배에 대해 민감하게 반응했던 아이들이 더 그런 경향을 보였다.[3]

이 연구에서 미국 워싱턴대학 연구팀은 두 개의 실험을 진행했다. 하나는 과자와 우유를 공평하게 분배하는 영상과 불공정하게 분배하는 영상을 보여주고 어디에 강하게 반응하는지(주목하는지) 관찰하는 실험이고, 다른 하나는 공유행동을 관찰하는 것이었다.

공유행동 실험에서 영아들은 실험자가 자신의 장난감을 가지지 못하는 상황을 시뮬레이션하는 동안 자신의 간식이나 장난감을 실험자에게 자발적으로 공유할 수 있는 기회를 가졌고, 영아들이 이타적으로 자신의 물건을 공유하는 빈도를 측정했는데, 많은 영아들이 실험자에게 자신의 간식이나 장난감을 자발적으로 공유했다(그림1). 이는 이타적 행동이 이미 이 연령대에 나타날 수 있음을 보여 준다.

진화의 관점에서 인간은 사회적 관계를 맺고 협동하는 것으로 생존에 유리한 길을 찾아낸 종(種, species)이다. 남을 배려하고 이타적으로 행동하는 것은 인간이 협동하는 능력을 통해 생존과 번영을 이룩할 수 있었던 가장 중요한 요소이다. 남을 배려하는 이타적 행동이 영아기부터 발휘되기 시작한다면 "세 살 버릇 여든 간다"는 말처럼 세 살에 몸에 밴 배려가 여든까지 갈 수 있다.

그림1. 15개월 영아의 공유행동 실험

이기적 유전자
vs 공감하는 유전자

리처드 도킨스의 《이기적 유전자》[4]는 진화생물학의 관점에서 유전자가 어떻게 자기 복제를 통해 생명체의 행동과 진화를 결정하는지를 설명하는 책이다. 저자는 진화의 주체가 개체나 종이 아니라 유전자라고 주장하면서 유전자는 자신을 복제하고 전달하는 데 최적화된 기계로 이해한다. 생명체의 행동은 유전자가 자신을 보존하고 전달하기 위해 발생하는 "이기적" 행동이라고 설명한다. 예를 들어, 동물이 자신의 형제를 도울 때도 이는 유전자가 자신을 더 많이 전달할 가능성을 높이기 위한 행동일 수 있으며, 공유와 협력과 같은 사회적 행동도 유전자 보존을 위한 이기적 행동으로 설명해서 큰 논쟁을 불러일으켰다.

반면에, 요하임 바우어는 《공감하는 유전자》[5]에서 사회적 경험이 유전자에 어떻게 영향을 미치는지 설명한다. 사회적 상호작용과 경험은 유전자의 활동을 변화시킬 수 있으며, 이는 우리의 생리적 및 정신적 건강에 긍정적인 영향을 미칠 수 있다. 그는 삶의 자세가 유전자 활동에 큰 영향을 미친다고 주장한다. 긍정적인 태도와 공동체에 기여하는 행동은 유전자를 활성화시키고, 이로 인해 우리의 건강과 복지가 향상될 수 있으며, 자유 의지로 타인을 돕는 행동이 유전자 활동을 긍정적으로 변화시킬 수 있다고 말한다.

이를 통해 저자는 인간의 유전자가 단순히 이기적인 존재가 아니라, 사회적 경험과 삶의 자세에 따라 활동이 변화할 수 있다는 점을 강조했고, 이러한 관점은 우리가 더 나은 삶을 살 수 있도록 돕는다. 인간의 건강과 질병에 결정적인 것은 누군가가 '좋은' 또는 '나쁜' 유전자를 물려받았는가 하는 문제가 아니라, 개별 인간의 삶 속에서 유전자의 활동이 어떻게 조절되느냐의 문제라고 할 수 있다.

자기 삶과 자신의 주변 사람을 대하는 내면의 기본 태도가 유전자 활동에 영향을 주고 질병을 불러올 수도 있다는 사실이 여러 연구를 통해 확인되었다. 120명의 참가자를 대상으로 한 실험에서 의미 지향적이고 사회 친화적 태도를 가진 사람들의 경우 위험유전자들의 활동이 줄어들어 심근 경색, 뇌졸중, 암 및 치매와 같은 질환을 유발하는 유전자 활동 패턴이 감소하는 결과를 확인한 사례도 있고, 73세의 상당한 수준의 고독을 경험한 노인 100여 명을 대상으로 한 연구에서 노년의 고독이 위험유전자들의 활동패턴에 부정적인 영향을 미친 반면 사회 친화적이고 의미 지향적인 태도를 지닌 노인들은 부정적인 영향으로부터 상당히 보호된다는 것이 확인된 사례도 있었다.

또 다른 실험에서는 다른 사람에게 무언가 선한 일을 하라고 구체적으로 요청받은 집단에서 위험유전자들의 활동 패턴이 현저히 감소하는 것이 확인되었다. 이를 통해 다른 사람에게 선한 일을 행하는 인류 고유의 인간성은 우리 몸을 만성 염증으로부터 보호해 주는 유전자 패턴을 활성화시키며 건강을 유지하도록 돕는다는 것을 알 수 있다.

인공지능 시대의
배려 인성교육

　윤지영은《WHY – 돈, 직업, 시간 그리고 존재를 묻다》[6]에서 인공
지능(AI)에 의존하고 생각을 멈추게 되는 순간 우리의 생각과 행동을
더욱 쉽고 강력하게 통제하는 수단이 될 것을 경고한다.

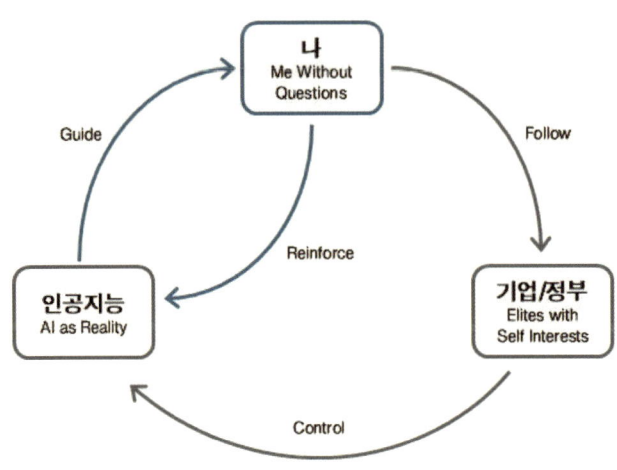

그림2. 인간과 인공지능의 관계[6]

1. 생각을 멈춘 우리가 이 악순환의 시작점이다. 2. 우리가 생각을 멈추게 되는 순간 (지금처럼) AI는 이를 만드는 기업과 이를 규제하는 정부의 세계관이 반영되어 우리의 생각과 행동을 더욱 쉽고 강력하게 통제할 수 있게 된다. 3. AI가 보여 주는 세계를 질문 없이 진실로 받아들인다. 이렇게 순응하는 우리가 AI가 만드는 세상을 더욱 강화한다. 4. AI가 스스로 학습하며 인간의 지능을 뛰어넘는 단계가 되면(라면을 사다 주는 것이 맞는지 고민하는 단계), 기업/정부의 통제마저도 벗어나게 될 것이다.

개인용 컴퓨터(PC)와 인터넷에 이어서 스마트폰의 출현으로 디지털 시대가 활짝 열렸고 어린아이들은 태어나서부터 각종 디지털 기기와 그 이용에 익숙하게 자라난다. 최근에는 인공지능(AI)을 활용한 각종 첨단 기술 서비스가 출현하고 자고 일어나면 진보된 기술의 발전 속도에 모두 정신이 없다. 4차 산업혁명의 시대를 향해 돌진하는 이 열차가 우리를 데려다 놓을 미래 사회의 모습은 어떠할지 상상조차 어려운데 마치 SF 영화에서 보던 모습이 대부분 우리의 일상생활이 되지 않을까 예상해 본다.

휴대폰, 전자시계, 태블릿에서부터 가정용 전자제품이나 자율주행 전기자동차, 드론과 로봇 등 모든 일상 생활과 산업 분야에서 인공지능이 없는 제품은 없다. 사람을 대신해서 정보를 찾아주고, 궁금한 것을 알려 주고, 상담을 해 주고, 인간의 노동을 대신해 주는 이 모든 일에서 인공지능은 휴머노이드 로봇과 함께 점점 인격체로 여겨질 것이다.

그렇다면, 프로그램된 인공지능과 인간의 자연지능 사이의 관계는 과연 어떻게 발전해 갈 것인가. 인공지능의 창작물과 인간의 창작물의 구분이 모호해질 시대에 본연의 '인간성'은 무엇으로 드러낼 것인가. 인공지능에게도 가르쳐야 하는 인간성, 인간 됨의 모습은 무엇일까 고민하지 않을 수 없다.

앞으로 영유아기부터 인공지능과 함께하며 자라나게 될 아이들에게 길러 주어야 하는 인간성의 본질은 무엇이어야 하는가 하는 고민은, 그동안 인간들만의 사회에서 필요한 협력과 배려의 덕목을 인공지능에까지 확장되어야 한다. 인공지능으로부터 존중받는 사람, 인공지능과 다른 사람을 존중하는 사람이 함께 어우러져 살아가야 하기 때문이다.

유아기
배려 인성교육의 의미

　현대사회는 도덕적 무관심과 이기주의, 서로 간의 단절과 소외 등
으로 인한 사회적 갈등과 배제의 문제로 몸살을 앓고 있으며, 이는 개
인의 문제를 넘어 사회공동체의 문제로까지 이어지고 있다. 경쟁이
격화되는 사회일수록 서로가 함께 잘 살아갈 수 있는 '이타성'과 '도덕
성'이 어떻게 발달하는지에 대한 통찰이 절실히 요구된다. 이러한 이
타성과 도덕성의 함양은 한 개인이 건강한 사회적 관계를 이루기 위
해서 반드시 필요한 덕목이며, 인성교육이 추구하는 핵심적인 가치이
기도 하다. 그뿐만 아니라, 개인의 성공적인 삶에 대한 평가의 기준
도 지난 20세기와 달리 타인과의 소통기술에 기반한 공감형성능력에
더 큰 가치를 부여하는 시대로 변화하고 있어서, 타인을 먼저 이해하
고 배려할 줄 아는 사람이 현대사회의 다양한 사회적 관계망(social
networks) 속에서 자신의 존재를 더욱 인정받게 된다는 인식의 전
환이 이루어지고 있다. 정치, 경제, 교육, 마케팅과 문화·예술 분야

에 이르기까지 사람의 마음을 얻어내지 못하면 아무것도 이룰 수가 없게 되면서, 이타성과 배려의 중요성은 점점 더 부각될 것으로 보인다.

인간 발달에 있어서 유아기는 생활방식의 많은 부분을 부모에게 의존하는 시기로서 자신에 대한 긍정적 사고를 바탕으로 타인과 더불어 살아갈 수 있는 능력의 기초를 이루는 사회·정서적 발달의 결정적 시기이며, 공감능력이 뛰어난 시기여서 배려교육이 효과를 발휘할 수 있는 시기이다. 이 시기에 유아는 사회적으로 유능한 인간으로 성장하는 중요한 변화를 겪게 된다. 또한, 주도성과 자아개념이 발달하고 적극적인 탐색활동이 증가하는 등 발달적 특성상 다른 시기에 비해 타인과의 갈등을 일으키게 되는 문제행동이 많이 발생할 수도 있어서[7], 유아가 사회구성원으로서 타인과 함께 더불어 살아가는 데에 필요한 사회성을 기르는 것이 매우 중요한 시기이기도 하다.

또한, 유아기는 부모, 교사와 지역사회 등으로부터의 사회적 돌봄 체계 속에서 성장하며 배려를 받는 존재에서 타인을 배려하는 기술을 배워 나가는 시기이다. 그러므로 인격의 기초를 형성하는 유아기부터 조직이 아닌 공동체, 즉 진정한 배움과 돌봄이 있는 공동체에서 자신을 존중하고 남을 존중하는 교육, 경쟁이 아닌 서로를 인정하는 교육이 필요하다. 따라서 유아기부터 공동 사회의 일원으로서 갖추어야 할 다른 사람의 권리 존중과 다른 사람에 대한 배려를 생활화해야 하며, 일찍부터 배려적으로 사고하고 행동하는 방법을 가르치는 것[8]을 통해서 일상생활에서 배려의 행위가 몸에 배도록 하는 것이 필요하다.

배려는 인간의 궁극적인 삶의 실재이자 인간의 존재성을 드러내는 것이며 상대방의 처지나 입장에서 걱정하고 염려하는 감정이입, 정서적 태도와 더불어 배려하는 데 필요한 적절한 지식과 이를 실천으로 옮기는 적극적인 행동도 포함한다[9]. 따라서 배려행동을 잘 실천하기 위해서는 배려의 필요를 인식한 '감정'이 '사고'의 인지적 과정을 통해서 '행동'으로 나타나도록 만드는 일련의 과정이 피드백 되어 동기를 강화시켜 주는 선순환 체계가 유아기부터 각 개인에게 만들어져야 한다.

유아기는 가정에서 부모와의 관계를 통하여 처음으로 인간관계, 사물에 대한 태도, 생각, 행동 등을 학습하게 되는 시기라는 것을 고려하면 유아의 배려행동 증진을 위해서 부모와 가정의 환경적 영향이 매우 중요한 인자임을 알 수 있다. 일반적으로 부모는 유아의 사회성 발달에 있어서 일차적인 영향인자로서 고려되며, 유아는 부모와의 관계를 통해 타인을 향한 긍정적인 감정을 확립시키고 친사회적 기술을 증진시켜 사회에 잘 적응할 수 있게 되므로[10-12], 유아의 배려행동을 포함한 포괄적인 사회성 증진을 위해서 가정환경의 영향이 중요한 요소로 다루어져야 한다. 그러므로 배려교육에 있어서도 인성의 기초가 형성되는 유아기의 사회성 발달이 기본적으로 양육자와의 상호작용 등 가정에서의 교육환경에 의해 가장 큰 영향을 받는다는 점[13-15]이 보다 더 강조되어야 할 필요가 있다.

2장

배려행동의
구성 요소

유아기는 자아 개념 형성이 자리를 잡아 가는 시기임과 동시에 유아가 타인의 존재를 인식하여 사회적 관계를 형성하기 시작하는 시기이기도 하다. 이 시기로부터 유아는 자기중심성에서 조금씩 벗어나 타자를 인식하고 타인의 조망을 수용해야 하는 사회적 존재로서의 자아 정체성을 세우게 된다. 그러나 유아는 자아 개념 형성과 사회적 관계 형성이라는 두 가지 상반된 발달과업에 직면하여 이전까지 경험하지 못했던 상황에 놓이게 되면서 개인성(personality)과 사회성(sociality) 발달 사이의 갈등을 겪으면서 양자 간의 균형점을 찾아가는 사회화(socialize)의 과정을 거치게 된다.

이처럼 자아 개념과 타자 인식의 균형점을 찾아가는 사회화의 과정에서 유아는 사회적 관계 속에서 '타인을 배려하는' 윤리적 존재로서 공동체의 일원이 되는 연습을 해야만 한다. 그리고 이 시기에 시작된 사회적 관계 형성 기술은 비단 유아기뿐만 아니라 그 후에 유아가 성장해 가는 과정을 포함하여 성인이 된 이후에까지 평생 동안 중요한 영향을 미치게 될 것이다. 그러므로 바람직한 사회성 형성에 필요한 배려의 교육은 유아기부터 중요하게 다루어져야 한다.[1]

배려의
개념과 정의

'배려(care)'는 상대의 입장을 자신의 입장보다 우선시하고, 타인의 어려움이나 필요에 응답해 주는 것을 의미한다.[2] 'Care'라는 단어는 우리말로 배려, 책임, 돌봄(보살핌, 보호), 간호 등으로 번역되어 다양한 의미로 사용되고 있다. Mayeroff[3]는 배려를 "다른 사람이 성장할 수 있도록 도와주는 것"이라고 정의하였고, '배려 윤리(ethic of care)'를 주창한 Gilligan[4]은 인간관계, 책임, 상호 의존성, 유대, 애착, 동정심, 사랑을 중요시하는 여성적 도덕성을 배려 윤리로 정의했다. 반면에 Noddings[5]는 '배려'의 일상적인 언어적 의미를 분석하기보다는 관계적 관점에서 배려하는 사람과 배려받는 사람의 관계를 규정하기 위한 기초로서 배려를 정의하였다. 또한, Fisher와 Tronto[6]는 '배려의 활동'이라는 개념으로 배려를 정의함으로써, 배려의 태도적인 측면에 더하여 배려의 행위적인 측면을 통합하여 설명하였다.

배려는 주는 것인 동시에 받는 것이기도 하다. 때문에 Tarlow (1996)[7]

는 배려의 개념을 호혜적 관계 안에 구현된 지지적이고, 정서적이며, 도구적인 상호 교환의 과정으로 정의함으로써, 인간의 사회적 관계에 있어서 상호 호혜적인 개념으로 설명한다. 이처럼 인간은 언제나 배려하기도 하면서 배려받는 존재인 것이다. 교육은 바로 이것을 인식하도록 방향을 잡아주고 관심을 환기시키는 작업이어야 한다. 그러므로 타인에 대한 관심을 좀 더 적극적으로 유발하도록 계기를 마련해 주는 것을 배려교육의 목표로 삼아야 하고, 본격적인 사회화가 진행되기 시작하는 유아기부터 이러한 배려교육이 반드시 이루어져야 한다.

'배려'는 일종의 감정 상태이고, '배려적 사고'는 그에 대한 사고의 작용이며, '배려행동'은 배려의 감정을 실천할 수 있도록 이끌어 주는 사고의 작용 곧 배려적 사고를 통해서 표출되는 행동을 의미한다(그림3 참조). Lipman[8]은 배려의 순간적인 감정에서 발현되는 동기가 일시적인 것이 아닌 지속적이고 합리적인 성향을 가지려면 인지적인 작용이 요구된다고 보고 배려의 감정이 배려의 행위로 나타나도록 이끌어 주는 사고의 작용을 강조하였다.

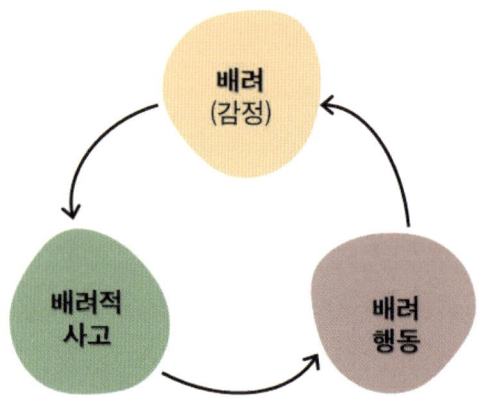

그림3. 배려의 감정, 사고, 행동의 관계[12]

지금까지 살펴본 내용을 요약하면, 배려(care)란 배려의 '감정'이 '사고'라는 인지적 과정을 거쳐서 '행동'으로 나타나는 것으로 설명된다. Fisher와 Tronto[6]는 배려의 활동이 이루어지는 과정을 다음과 같이 네 가지 과정으로 설명하였다.[2]

첫째, 염려하고 주의하는(care about) 과정이다. 이것은 배려가 필요하다는 것을 인식하는 과정이다. 즉, 필요(need)가 있음을 인식하고, 이 필요가 충족되어야 하는지를 평가하는 과정을 거친다.

둘째, 배려를 하기 위해서 준비하고 배려의 책임을 맡는 과정이다. 이 단계에서 우리는 규명된 요구에 대한 책임감과 어떻게 요구에 응답할 것인지를 결정하는 과정을 거친다.

셋째, 배려를 실천(care-giving)하는 과정이다. 이 과정에서 우리는 배려의 대상과 직접적으로 접촉하고, 배려에 대한 요구를 충족시켜 주는 행동을 하게 된다.

넷째, 배려를 받는 사람이 배려에 응답(care-receiving)하는 과정이 마지막 단계이다.

그리고 이 네 가지 과정에서는 각각 주의 깊음(attentiveness), 책임(responsibility), 능력(competence), 응답 능력(responsiveness)과 같은 윤리적 태도가 요구된다.

유아기는 부모, 교사와 지역사회 등으로부터의 사회적 돌봄 체계 속에서 배려를 받는 존재에서 타인을 배려하는 기술을 배워 나간다. 인격의 기초를 형성하는 유아기부터 조직이 아닌 공동체, 즉 진정한 배움과 돌봄이 있는 공동체에서 자신을 존중하고 남을 존중하는 교육, 경쟁이 아닌 서로를 인정하는 교육이 필요한 것이다. 지금까지의 교육이 경쟁 위주의 지식교육에 초점을 두었다면, 앞으로 진정한 의미의 교육은 타인을 배려하고 인간관계 속에서 규범과 가치를 중시하는 교육이 필요하다. 윤리·도덕적 사고를 갖춘 사려 깊은 인간을 길러 내는 교육으로서 '배려적 사고(caring thinking)' 교육의 중요성은 앞으로 더욱 부각 될 것으로 예상된다.

'유아의 배려행동'은 Lipman(2003)[8]에 의해 제시된 배려적 사고의 5가지 유형 및 38가지 특성에 대하여 유아들이 교실 상황에서 나타낼 수 있는 행동으로 설명한 이춘희(2008)[9]의 연구로 살펴보았다. '배려적 사고'의 작용을 통해서 표현되는 배려의 행위를 '배려행동'으로 정의할 수 있다. 배려의 '사고'와 '행동'은 불가분의 관계이며, 각각 배려의 행위가 이루어지는 과정 및 결과로서의 의미를 지니는 것이다.

앞에서 배려의 행위는 배려의 감정이 배려의 대상에게 무엇이 필요한지를 인식하여 행동으로 표출되게 해 주는 일련의 사고의 과정을 통해서 이루어진다는 점을 언급하였다. Lipman(2003)[8]은 이러한 배려적 사고를 가치부여적 사고(Appreciative thinking), 규범적 사고(Normative thinking), 정서적 사고(Affective thinking), 감정이입적 사고(Empathic thinking), 능동적 사고(Active thinking)[20]의 5가지 유형으로 분류하고, 배려적 사고의 특성을 38가지로 제시하였다. 그리고 이러한 배려적 사고의 증진을 위해서 '탐구 지향적 사회를 위한 교육(Education for an inquiry-driven society)'을 추구함으로써 배려의 교육을 하자는 주장을 하였다.

1. 가치부여적 사고	사고자가 중요하게 생각하여 관심을 갖고 소중히 여기는 것에 가치를 부여한 사고로 타인에 대해 관심이나 염려를 보이는 모든 종류의 사고
2. 규범적 사고	사실에 관한 사고와 당위에 관한 사고를 연결하여 개인이 소망하는 것과 마땅히 이루어져야 할 바람직한 것을 동시에 고려하는 사고
3. 정서적 사고	이성과 감정을 이어주는 사고로 타인의 입장에 대한 이해와 더불어 타인이 처한 상황이 적절한지 아닌지에 대해 판단하는 사고
4. 감정이입적 사고	윤리적 탐구의 가장 기본적인 사고로서 다른 사람의 입장에서 자신을 적합하게 놓고 생각하는 것
5. 능동적 사고	적극적인 행위나 표현에 의해 나타나는 사고의 능동적 측면을 의미

배려적 사고와
배려행동

배려란 타인과의 상호 호혜적, 의존적인 관계를 바탕으로 타인에 대한 관심과 공감을 기본으로 하면서 타인을 이해, 수용하고 타인의 성장과 가능성을 돕기 위해 헌신적이고 책임감 있게 돌보는 태도와 행위를 뜻한다고 볼 수 있다.[10]

이러한 배려의 실천적 의미를 보다 구체화하기 위해서 선행 연구들에서 제시된 배려의 구성 요소들을 살펴보면 다음과 같다. Sharp는 배려의 핵심은 공감, 동정, 정서적 집중, 깊은 민감성 등으로 보았다.[11] 배려의 구성 요소로 타인 고려, 민감성, 긍정적 반응을 고려하거나[12], 조망수용과 전환능력, 공감과 몰입, 동기전환을 포함하기도 하며[13], 타인의 심정 고려, 양보심, 염려를 들기도 한다.[14] 배려윤리의 덕목으로 책임감, 공감, 조화, 희생을 들거나[15], 존중을 핵심 덕목으로 하여 그 세부 요소로서 자아존중, 타인존중, 관계형성을 제시하기도 한다.[16] 그리고 박찬옥과 황지영[17]은 그림책을 활용한 배려활동 프로그램에서 공감하기, 이해하고 존중하기, 양보하기와 돕기, 실천하기의 배려요소를 적용하였다.

또한, 정대련과 정연경[18]은 배려와 배려적 사고에 공통적으로 나타나는 특성들에는 관계, 공감, 가치, 수용, 맥락성, 반성, 감정 등이 있다고 하였고, 정연경과 정대련[19]은 타인에 대한 공감과 내적 가치의 반영을 전제로 하여 대상을 존중하고 적극적으로 돌보려는 성향을 나타내는 배려적 사고의 구성 요소로 가치반영적, 정서 촉발적, 행위 관련적, 규준 반성적 사고를 들면서, 배려적 사고의 제 특성에는 관리성, 보존성, 양육성, 공감성, 감상성, 윤리성을 내포한다고 하였다.

유아 배려적 사고 평가

그리고 이춘희는 유아의 교실 상황에서 나타나는 배려행동을 관찰하기 위해 Lipman[8]이 제시한 배려적 사고의 유형과 특성을 기반으로 5개 하위요인에 대하여 총 38개의 문항을 가진 교사용 관찰 척도를 개발하였다.[9] 이 척도는 기존에 '배려'를 하위요인으로 포함하고 있는 아동의 사회적 유능성 및 친사회적 행동에 관한 척도들을 참고하여 문항을 개발하였으나, 가치부여적, 규범적, 정서적, 감정이입적, 능동적 측면의 사고를 요구하는 개념으로 정의하였기 때문에 유아교육에서 사회성의 한 요소로 사용한 의미보다 배려의 의미 영역이 보다 포괄적인 개념이다. 다음은 이춘희가 정의한 배려적 사고(행동)의 5가지 유형 및 38가지 특성을 정의한 내용이다.

(1) 가치부여적 사고 (Appreciative thinking)

'가치부여적 사고'의 특성은 소중히 여기기(prizing), 가치 있게 여기기(valuing), 축하하기(celebrating), 마음에 간직하기(cherishing), 감탄하기(admiring), 존중하기(respecting), 보존하기(preserving), 칭찬하기(praising)의 8가지가 있다.

① 소중히 여기기 (prizing)	무엇인가에 가치를 부여한다는 것. 즉 우리가 무엇인가를 소중히 여긴다는 것은 그것을 유지시켜 주는 관계들의 가치에 관한 것으로서 사람과 동식물 그리고 사물 등 광범위한 대상에 나타내는 특성.
② 가치 있게 여기기 (valuing)	그 대상에 속해 있는 상황 내의 관계에 있어서 그 유용성, 중요성을 찬미하고 아끼고 소중히 여기는 것으로 무비판적임.
③ 축하하기 (celebrating)	상대방에 대하여 기쁘고 즐거운 일을 빌고 치하하는 것. 또는 그러한 축원, 치하의 말을 통하여 가치를 인정해 주는 것.
④ 마음에 간직하기 (cherishing)	소중히 여기든지 귀여워하는 마음을 간직하거나 신앙을 마음에 품는 것. 또는 그 대상이나 그 대상에 속해 있는 상황 내의 관계를 소중히 생각해서 추억으로 고이 간직하는 것.
⑤ 감탄하기 (admiring)	감히 흉내 낼 수 없는 놀라운 솜씨나 마음씨에 대해 감동하여 탄복하는 것.
⑥ 존중하기 (respecting)	그 대상 자체를 소중하게 여기고 받드는 것. 인간은 어떤 상태로 태어나든 인간이기에 가장 소중하며, 따라서 존엄하게 대우받아야 함. 성별, 종교, 피부색, 국적, 빈부차이, 사회적 지위, 신체적·정신적 조건 등에 관계없이 존중받아야 함.
⑦ 보존하기 (preserving)	일반적으로 대상을 잘 보호하고 간수하여 남아 있게 하는 것으로, 동·식물, 문화재, 최상의 관습과 제도, 사상에 대해 그 대상에 따라 보호·유지·치료·교정·복구 등의 조치를 취하는 행동적 특성을 의미함.
⑧ 칭찬하기 (praising)	대상에 대해 잘 한다고 추어주거나 좋은 점을 들어 기리는 것.

(2) 규범적 사고 (Normative thinking)

'규범적 사고'의 특성은 요구하기(requiring), 의무 다하기(obliging), 강제적 의무 따르기(compelling), 적절함 알기(appropriate), 권면하기(enforcing), 강하게 요구하기(demanding), 기대하기(expectant)의 7가지가 있다.

① 요구하기 (requiring)	문제를 해결하거나 필요한 사항에 대해 꼭 이행하도록 요청하는 것.
② 의무 다하기 (obliging)	윤리학적으로는 '…해야 한다'라는 당위(當爲)의 형태로, 사회적 질서를 유지하고 조정하기 위한 사회적 · 물리적 · 정신적인 강제 및 구속을 일컫는 말.
③ 강제적 의무 따르기 (compelling)	안 하게 되면 그 결과를 감수하게 되는 것. 우리의 선택과 관계없이 행해야 하는 것. 도덕상의 의무와 구별하기 위하여 법적 의무 또는 법률상 의무를 말함.
④ 적절함 알기 (appropriate)	적절한 시간에 적절한 장소에서 적절한 행동을 하는 것. 상황에 적합하거나 적절한 행동이 있다는 것을 알게 되며 그것이 바로 옳은 행동이라는 것도 깨닫게 됨.
⑤ 권면하기 (enforcing)	자신뿐만 아니라 타인에 대하여도 사람들이 마땅히 해야 될, 또는 받아들여야 할 행동을 이행하도록 주장, 권유하는 것.
⑥ 강하게 요구하기 (demanding)	권리를 강하게 요구하는 것으로 국한함. 권리를 갖는다는 것은 어떤 것에 대한 자격을 갖는다는 것이며, 그 자격을 정당화할 수 있는 것. 기본권과 같이 어떤 이익을 자기를 위해 주장할 수 있는 법률상의 힘을 말함.
⑦ 기대하기 (expectant)	일상생활 속에서 상식적으로 사람들이 마땅히 해야 될, 또는 받아들여야 할 행동에 대한 예상을 말함.

(3) 정서적 사고 (Affective thinking)

'정서적 사고'는 좋아하기(liking), 사랑하기(loving), 길러주기 (fostering), 경의를 표하기(honoring), 화해하기(reconciling), 친근하기(friendly), 격려하기(encouraging)의 7가지가 있다.

① 좋아하기 (liking)	대상에 대해 관심을 갖고 이해하려는 노력인 동시에 그것을 통한 즐거움이 수반되는 것.
② 사랑하기 (loving)	인간의 근원적인 감정으로 인류에게 보편적이며, 인격적인 교제. 타인에 대한 사랑을 정의하는 데 있어서 가장 전형적인 것은 상대방의 행복이 곧 자신의 행복이 된다는 것.
③ 길러 주기 (fostering)	동식물을 아끼고 돌보는 것.
④ 경의를 표하기 (honoring)	훌륭하다고 인정되는 이름이나 자랑, 또는 그런 존엄이나 품위에 대하여 공적을 기리고, 존경의 뜻을 나타내는 것.
⑤ 화해하기 (reconciling)	다툼이 있는 당사자들이 서로 양보하여 다툼을 그치고 원만하고 조속히 해결하는 것.
⑥ 친근하기 (friendly)	누구나 다가가기 쉽고, 편하며, 쉽게 친숙해질 수 있다는 등의 의미를 총체적으로 포함하는 개념.
⑦ 격려하기 (encouraging)	남에게 용기나 의욕을 북돋워 힘을 내게 하는 것.

(4) 감정이입적 사고 (Empathic thinking)

'감정이입적 사고'의 특성은 고려하기(considering), 동정하기 (compassionate), 성원 보내기(curatorial), 주의를 기울여 돌보기

(nurturant), 연대감 갖기(solicitous), 세심하게 주의를 기울이기 (mindful), 신중해지기(serious), 상상하기(imaginative)의 8가지가 있다.

① 고려하기 (considering)	어떠한 맥락이나 상황을 고려한다는 것이고 이는 '관련된 맥락이나 상황을 고려해서' 판단하는 것.
② 동정하기 (compassionate)	다른 사람을 돕고 싶어 하거나 다른 사람의 고통에 대해서 함께 슬퍼하는 것.
③ 성원 보내기 (curatorial)	일이나 직업 또는 사물 등을 가치 있게 여기고 그를 돌보는 행위 및 그 밖의 대상에 대해 돌보는 자체.
④ 주의를 기울여 돌보기 (nurturant)	한 사람을 기르거나 가르치는 과정에서 더 나은 상태로의 발전 및 변화를 위한 행위 자체를 말함.
⑤ 연대감 갖기 (solicitous)	대상에 우정이나 애정 같은 정서를 가지고 대상의 현실을 자신의 현실로 받아들여 대상의 상황과 처지에 대하여 함께 느끼며 공감하는 것.
⑥ 세심하게 주의를 기울이기 (mindful)	행동에 신경을 써서 일에 그르침이 없도록 한다는 의미를 지니며 어떤 일에 성심껏 열의를 기울이는 것.
⑦ 신중해지기 (serious)	대상의 상황과 처지를 경청하고 수용하여 함께 느끼며 경험하는 과정에 때때로 진지하게 생각하거나 결정을 내리기 위한 조심스런 방법.
⑧ 상상하기 (imaginative)	다른 사람이나 기타 대상의 느낌과 시각과 전망에서 생각하기.

(5) 능동적 사고 (Active thinking)

'능동적 사고'의 특성은 조직하기(organizing), 참여하기(participating),

관리하기(managing), 실행하기(executing), 구축하기(building), 공헌하기(contributing), 완수하기(performing), 구하기(saving)의 8가지가 있다.

① 조직하기 (organizing)	타인을 위해 무엇을 할 것인지를 사고하는 과정에서 필요한 인력과 물자, 정보, 지식을 체계화하여 타인에게 가장 만족스런 상황이 되도록 그 방도를 상정해 보는 것.
② 참여하기 (participating)	참가하여 관계형성에 긍정적인 영향을 미치고 주변의 참여 지지를 확산시키는 것.
③ 관리하기 (managing)	해야 할 또는 하고자 하는 바를 이루기 위해 방침을 정하고 상황에 맞게 지휘·조정하는 과정을 말하며 처리를 잘 해 나가는 것.
④ 실행하기 (executing)	해야 하는 것이나 하고자 하는 것을 실제로 시행하는 것.
⑤ 구축하기 (building)	사람과 사람, 사람과 사물 등 둘 이상이 서로 관계를 맺어 긍정적인 관계로 발전하거나 또는 성취물이 이뤄지는 것.
⑥ 공헌하기 (contributing)	남에게 도움이 되거나 이익을 주는 것.
⑦ 완수하기 (performing)	(목적이나 책임을) 모두 이루거나 다하는 것.
⑧ 구하기 (saving)	어렵거나 위태로운 처지에 있는 사람을 그곳에서 벗어나도록 도와주는 것.

유아 배려행동 평가

유아 교육기관에서는 유아 개인의 배려행동 수준을 평가하고 이를 교육 지도에 활용할 수 있다. 국내에서 개발된 두 개의 교사 관찰 검사 도구를 소개한다. 먼저 박찬옥과 이예숙[20]은 Noddings의 대상에 따른 배려의 유형을 참고하여 배려의 구성 요인을 4가지로 명명하였다. ① **환경에 대한 배려**는 유아가 사용하는 물건이나 주변 환경에 대한 내용을 포함하고, ② **타인에 대한 배려**는 유아가 만나는 친구나 주변 사람들과 관련된 내용을 포함하고, ③ **자기에 대한 배려**는 자신의 신체나 정신 정서적 배려의 내용을 포함하고, ④ **동식물에 대한 배려**는 동식물과 곤충의 내용을 포함하고 있다.

○ **유아 배려행동 검사 문항 (교사 관찰 척도)**

환경	장난감을 던지거나 밟아서 망가지게 한다.
	필요한 블록을 찾기 위해 바구니를 거칠게 쏟아낸다.
	문을 조심해서 열고 닫는다.
	일부러 부딪히며 돌아다닌다.
	숲을 산책할 때 정해진 길로만 다닌다.
	잔디밭에 들어가지 말라는 팻말을 보고 들어가지 않는다.
	책상이나 의자 교구장 등을 밟고 올라간다.
	장난감을 던지거나 밟아서 망가지게 한다.
	정해진 사용법에 따라 물건을 올바르게 사용한다.
	공공장소에서 규칙과 약속을 지킨다.
	전시물 만지지 않기 신호 지키기 줄서기 등 사용한 물건을 제자리에 놓는다.
	새치기 하지 않고 순서를 지킨다.
	책을 찢거나 구기지 않고 조심해서 넘겨 본다.
	도움이 필요한 친구를 보고 적극적으로 나서서 도와준다.

타인	놀이에 참여하지 못하는 친구에게 먼저 다가가 함께 놀자고 한다.
	슬퍼하는 친구에게 다가가서 울지말라고 말하며 위로해 준다.
	친구에게 피해를 주거나 실수했을 때에는 먼저 미안하다고 말한다.
	친구의 단점보다는 장점을 잘 찾고 칭찬해 준다.
	속도가 느리고 서툰 동생이나 친구를 잘 기다려 준다.
	친구가 나에게 도움을 주었을 때 고마움을 표현한다.
	몸이 불편한 친구 혹은 다친 친구를 보면 도움을 주고 싶어 한다.
	필요한 물건이 있을 때 친구에게 허락을 구하고 빌린다.
	갈등이 생겼을 때 울거나 때리지 않고 대화로 해결한다.
자기	누군가가 항상 자신을 응원해 주고 있다는 생각을 한다(엄마는 항상 내 편이야, 선생님이 항상 지켜보고 계셔 등).
	자신이 완성한 작품을 자랑스럽게 생각한다.
	어려운 과제를 해야 할 때 적절하게 교사에게 도움을 요청한다.
	친구가 자신이 하고 있는 놀이를 방해할 때 자신의 정당한 권리를 주장한다(내가 놀이 하던 거야, 그다음은 내 차례야, 아직 다 사용하지 못했어 등).
	어려운 일이 있을 때 스스로 자신을 응원하고 위로한다(그래도 괜찮아, 난 아직 어리니까, 자꾸 해 보면 될 거야, 힘내자, 난 할 수 있어).
	자신이 선택한 활동에 몰입하고 최선을 다해 수행한다.
	항상 즐거운 마음과 표정으로 놀이에 참여한다.
동식물	친구들과 곤충에 대해 이야기하기를 좋아한다.
	동식물에 대해 이야기하기를 좋아한다.
	동물들의 특징과 생태에 관심이 많다.

김정림과 양옥승[21]은 유아 배려행동 척도의 구성 요인으로 자기에 대한 배려행동, 친밀한 타인에 대한 배려행동, 자연 및 환경에 대한 배려행동, 다양성에 대한 존중을 포함하였다. **① 자기에 대한 배려행동**은 자기 자신에 대한 인식 및 이해, 자기 존중, 신체적·정신적 건강 유지를 위한 실천 등이고, **② 친밀한 타인에 대한 배려행동**은 배려 상황에 대한 민감성 및 공감능력, 조망수용능력, 신체적·정서적 자기조절력 등이며, **③ 자연 및 환경에 대한 배려행동**은 자연 및 환경을 보살피는 데 요구되는 기술, 태도 등이고, **④ 다양성에 대한 존중**은 사람들의 능력 및 신체의 차이, 세대 간 차이에 대한 이해 및 존중 등을 측정한다.

○ **유아 배려행동 검사 문항 (교사 관찰 척도)**

자기에 대한 배려행동	자기의 신체적 특징을 말할 수 있다.
	(예: 나는 키가 커요, 나는 머리가 길어요 등)
	자기가 좋아하는 것과 싫어하는 것을 구별한다.
	(예: 나는 파란색을 좋아해요, 나는 매운 음식이 싫어요 등)
	자기가 잘 하는 것에 대해 이야기한다.
	(예: 나는 가위질을 잘해요, 나는 수영을 잘해요 등)
	스마트폰, 컴퓨터 게임 등은 적당히(정해진 시간만큼) 해야 함을 안다.
	자기의 실수나 잘못을 인정한다.
	자기가 맡은 일은 완수한다.
	약속을 잘 지킨다.
	옷 입기, 식사 등을 혼자 할 수 있다.

	어른이 도움 되는 말을 하면, 하기 싫어도 따른다.
	(예: 몸이 아플 때, 먹기 싫어도 약 먹기 등)
	자기의 생각을 표현할 수 있다.
	자신감을 갖고 과제를 수행한다.
친밀한 타인에 대한 배려행동	어려움에 처한 친구에게 관심을 갖는다.
	(예: 다친 친구, 몸이 아픈 친구 등)
	친구가 교사에게 칭찬을 받을 때, 함께 기뻐한다.
	친구에게 도움을 받으면 고맙다는 표현을 한다.
	친구와 물건(색종이, 색연필 등)을 나누어 쓴다.
	친구의 이야기를 잘 들어 준다.
	교사나 친구의 부탁을 잘 들어준다.
	(예: 간식시간 도우미, 교사의 간단한 심부름 등)
	친구의 행동을 칭찬한다.
	(예: "너는 그림을 참 잘 그린다.", "수지가 도와줬어요."라고 말하기 등)
	친구와 협력하여 활동한다.
	친구와 갈등이 있을 때, 대화로 해결하려고 한다.
	차례를 지킨다.
	(예: 점심 배식, 미끄럼틀 놀이 등)
자연 및 환경에 대한 배려행동	동물을 잘 돌볼 수 있다.
	(예: 먹이 주기, 괴롭히지 않기 등)
	식물을 잘 돌볼 수 있다.
	(예: 화분에 물 주기, 함부로 꺾지 않기 등)
	자기가 쓰지 않는 물건은 다른 사람과 바꾸어 쓸 수 있다.
	(예: 친구와 필요한 색깔의 색종이 바꿔 쓰기 등)

	물을 아껴 쓸 수 있다. (예: 양치하는 동안 물 잠그기 등) 전기를 아껴 쓸 수 있다. (예: 화장실을 사용하고 난 후 불끄기 등) 음식물을 남기지 않는다. (예: 먹을 수 있는 만큼 덜어서 먹기 등) 쓰레기를 아무 곳에나 버리지 않는다. 자기의 물건을 소중히 여긴다. 학급의 공동 물건(휴지, 풀, 색종이, 도화지 등)은 아껴서 사용한다.
다양성에 대한 존중	친구들에게는 서로 다른 능력이 있음을 안다. (예: 지우는 그림을 잘 그리고, 수빈이는 숫자를 잘 써요 등) 놀이 활동에서 남녀의 역할을 구분하지 않는다. 어른들에게 예의바르게 행동한다. (예: 인사하기, 존댓말 사용하기 등) 장애우를 차별하지 않는다. (예: 장애가 있는 친구, 동화 속 등장인물 등) 피부색이 다른 친구나 외국인을 차별하지 않는다.

공감과 배려의
콜라보

다른 사람을 배려하는 이타심의 발현은 '공감능력'에 기초한다. 공감능력은 '공감지능(empathic intelligence)'으로 분류할 만큼 중요하게 다루어지기 시작했다. 실제 심리학에서는 공감, 양심, 배려가 지능과 관련 있다고 말한다. 이를 '정서지능(emotional intelligence)'이라고 칭한다. 정서지능이란 미국의 심리학자 피터 살로베이(Peter Salovey)와 존 메이어(John Mayer)가 제시한 개념으로, 자신과 타인의 감정을 점검하고, 그 차이를 변별하며, 생각하고 행동하는 데 해당 정서 정보를 이용할 줄 아는 능력을 뜻한다.[22] 한편 미국 심리학자 에드워드 티치너는 공감을 "상대의 가치관 형성 과정과 그 작동 방식을 이해하는 것"이라고 정의했는데, 이렇듯 타인의 삶과 행동을 이해하는 데에는 정서지능이 필요한 것은 당연하고, 공감능력도 일종의 정서지능으로 볼 수 있다. 이성적인 판단과 사고 능력이 필요한 '복합적 지능'의 영역이라 말할 수 있다.[23] 공감은 지능이기에, 지능만큼 사회에서 사람들과 원활히 상호작용하는 데에 필요하며, 지능처럼 설정 값을 가지고 태어나지만, 또 지능처럼 노력하면 바뀔 수 있는 것이다. 공감 '능력'이라는 단어가 주는 제한성에 갇히지 않으면 우리에게는 항상 한 단계 더 전진할 수 있는 자리가 있다.[24]

인지적 공감 & 감정적 공감

공감(共感)은 상대방 입장에 서서 상의의 경험한 바를 이해하거나 혹은 다른 사람의 입장에서 생각해 보는 행위이다.[25] 공감의 종류는 크게 인지적 공감(cognitive empathy), 감정적 공감(emotional empathy)으로 분류한다.[26] 인지적 공감은 상대방의 생각과 감정을 객관적으로 이해하려는 노력을 하는 것이고, 감정적 공감은 상대방의 감정을 함께 느끼는 것이다. 공감 수준이 높은 유아는 자기중심적인 입장에서 벗어나 타인의 감정에 대해 관심을 갖고 배려하여 원만한 대인관계를 형성할 수 있고[27], 공감을 잘하는 유아는 타인의 입장을 이해하고 정서적인 감정을 잘 나누기 때문에 상대방을 돕고 배려하는 친사회적 행동(prosocial behavior)의 빈도가 높아진다.[28] 이처럼 공감능력은 다른 사람의 감정이나 상황에 대한 이해를 높여 문제를 해결하거나 의사결정에 긍정적 영향을 미치므로 유아의 사회성 발달을 위해 반드시 갖추어야 하는 능력이다.[29] 공감능력은 타인의 경험과 느낌을 이해하고 수용하는 인지적 과정과 그때의 정서를 마치 자신의 감정처럼 느끼는 정서적 과정을 거친 후 다시 타인에게 자신의 생각이나 감정을 친사회적으로 표현하는 능력이다. 다시 말해 공감능력이란 타인이 처한 상황 및 정서를 인지하고 그에 대해 적절한 감정을 타인과 함께 나누는 것이다.[30]

아동기의 모든 능력을 뒷받침하는 것이 바로 감성 능력이다. 감성은 우리를 인간으로 묶어 주는 요소이다. 감성은 보편적이다. 서로에게서 인간애를 발견하는 능력은 관계 맺는 방식에 영향을 준다. 아동학대와 방치는 자식 세대로 대물림되어 나타나는 경향이 있는데 감성은 이러한 악순환을 끊음으로써 한 가정의 삶에 큰 영향을 미칠 수 있다. 감성 능력을 가르쳐 주고 남의 입장에 서보는 능력을 길러 주면 아이는 공격적이고 남을 괴롭히는 대신 협력할 줄 아는 문화인으로 성장할 수 있다. 스스로를 자각하는 방식에서나 서로를 대하는 방식에서 건강한 감정의 공간을 마련해야 한다. 감성 능력이란 감정을 적절히 인식하고 이해하고, 관리하고 표현하는 능력을 말한다. 여기에 공감능력까지 더하면 사회생활에서 도덕적으로 책임 있는 행동을 할 수 있는 기반이 갖춰진다. 그럴 때 우리는 불의에 대항할 수 있고, 명백한 불법 행위에 저항하고 누군가 부당하게 행동할 때 목소리를 낼 수 있다. 감정을 조절하는 능력과 감성 능력을 두루 갖추면 상대의 감정을 상하지 않게 하면서 화난 마음을 전달할 수 있다. 또한 상대를 존중하면서 갈등을 해결할 수 있다. 그리고 공감의 창이 열리면서 다른 사람의 입장에 서서 그 사람의 감정을 이해할 수 있다.[31]

공감 교육의 효과

메리 고든(Mary Gordon)의 《공감의 뿌리》(Roots of Empathy)[31]는 공감능력의 중요성을 강조하고, 이를 함양하기 위한 교육 프로그램인 '공감의 뿌리'를 소개하는 책이다. 공감능력의 중요성을 인식하고 이를 키우기 위한 교육의 필요성을 강조하며, 실제적인 교육 방법을 제시한다. 캐나다에서 시작된 이 프로그램은 지역에 사는 갓난아기를 초·중등학교에 초대해 학생들로 하여금 한 학년 동안 아기의 성장 과정을 지켜보도록 하는 '공감능력을 높이는 심리 교육' 프로그램이다. 실제로 생후 2개월에서 4개월 사이의 아기와 부모가 교실을 방문하여 학생들이 직접 관찰하고 교감하는 기회를 제공하고, 학생들이 자신의 감정을 자유롭게 표현하고 다른 사람들과 공유하는 활동을 통해 감정 이해 능력을 키우며, 관찰 내용과 감정에 대해 토론하고 성찰하는 시간을 통해 공감능력을 심화시키는 내용이다.

이 프로그램을 2000~2001년에 캐나다 밴쿠버의 초등학교 1~3학년 10개 학급(실험 참여 교실 5개-실험 집단, 미참여 교실 5개-비교 집단)에서 적용한 결과에서 유의미한 결과가 나왔다. 프로그램에 참여한 아동은 비교 집단에 비해 거의 모든 차원에서 감성적 이해와 사회적 이해 점수가 높았다. 발달과정에서 사회적-정서적 지식이 달라지면서 공격 행동이 줄어들고 돕기, 나누기, 협력과 같은 친사회적 행동은 크게 늘어났다. 특히 실험 집단에서는 한 학년 동안 적극적 공격(괴롭힘과 연관된 도구적 공격)이 확연히 줄어든 반면, 비교 집단에서는 적극적 공격이 크게 늘어났다. 실험에 참여한 아동들은 공격 행위를 사회적 목적을 달성하는 데 꼭 필요한 수단으로 보지 않았다. 실험 집단은 사전 검사에서 적극적 공격을 보이던 아동의 88%가 사후 검사에서 적극적 공격이 줄어든 반면, 비교 집단의 50%는 사후 검사에서 적극적 공격이 오히려 증가하였다. 실험 집단의 아동들은 또래 평가에서도 비교 집단에 비해 친사회적 행동(돕기, 나누기, 협력)과 친사회적 성격(친절함, 신뢰감, 다른 사람의 입장에 서 보는 능력)이 향상됐다는 평가를 받았다.

감정조망수용

공감능력을 발달하게 하려면 감정조망수용능력을 길러야 한다. 감정조망수용은 타인의 감정이나 정서적인 상태를 공감하는 능력으로 정의되며, 유아기의 정서적인 이해는 친사회적 행동 또는 협력적 행동의 기초가 된다. 타인의 감정을 인식하고 이해하는 기술로 공감과 이타심과 같은 친사회적 반응과 행동을 촉진하는 선행 요인으로 아동의 대인 간 유능성 발달에 중요한 기초로 연구된다.

감정조망수용이란 어떤 상황에서 다른 사람의 생각이나 느낌을 대신 느껴 보고 그 사람의 입장이 되어보는 과정으로 정서적인 측면에서 다른 사람을 이해하는 능력이다. 다시 말하면 타인의 감정 상태를 정확하게 추론, 평가하는 능력이다. 유아들이 타인의 정서적 반응을 추론할 수 있다는 것은 곧 그 사람의 내적 심리상태를 이해하고 판단할 수 있다는 것으로 사회성 발달 분야에서 중요하게 취급되고 있다.[32]

감정조망의 유형은 다음과 같이 세 가지로 구분한다.[33]

(1) 비추론적 감정이입(non-inferential empathy)

타인의 감정표현이 유아에게 타인과 유사한 감정 상태를 일으킨다. 그러나 유발된 감정에 적절한 사회인지가 수반되는 것은 아니다.

(2) 감정이입적 추론(empathic inference)

유아가 타인의 감정 표현에 대해 자신도 함께 느끼는 동시에 타인의 감정 상태가 어떤지에 대해 추론한다.

(3) 비감정이입적 추론(non-empathic inference)

아동이 타인의 감정을 정확하게 추론을 하면서 자신은 그와 같은 감정은 느끼지 않거나 어떤 감정도 느끼지 않는 것이다.

공감의 발달단계

공감은 인지적 요소도 내포하고 있으므로 공감의 경험은 인지 수준에 따라 다르다. 신생아는 자신과 타인의 변별이 없으나 10개월 경에는 대인 영속성(person permanence)을 획득하여 타인을 구별하고 2-3세 경에 타인도 자신과 다른 내적 상태를 가진 존재로 인식하

게 되며 아동 후기에는 타인의 개인적 정체감과 생활 경험을 깨닫게
된다. 이와 같이 사회인지적 단계의 발달을 통하여 다음 수준의 공감
반응이 나타난다.[34]

(1) 막연한 공감(global empathy) : 12개월까지

자신과 타인을 구별하기 전 가장 단순한 형태의 것으로 영아가 타
인의 고통에 대한 막연한 단서에 의해 스스로 불쾌한 감정을 느껴
서 행동하는 경우이다. 정서를 경험하는 주체가 누군지 불분명하
여 타인에게 발생한 일이 마치 자신에게 일어난 것처럼 행동하고
주변 사람의 강한 감정 표현에 자신의 감정을 맞추는 것이다. 예
를 들면 다른 아이가 다쳐서 울면 쳐다보다가 자신도 다친 듯이
우는 표정을 짓는 것을 의미한다. Flavell이 말한 비추론적 공감과
같은 것이다.

(2) 자기중심적 공감(egocentric empathy) : 12~18개월

타인이 자신과 다름을 알게 되지만 그의 내면 상태가 자신과 동일
한 것으로 간주하여 반응하는 것이다. 즉 다른 사람의 고통에 대
해 자신이 함께 고통을 느끼며 반응하는데 자신에게 위안이 되었
던 수단으로 다른 사람을 위안하려고 함으로써 타인의 고통에 자
아중심적인 반응을 보이는 단계이다. 예를 들면 우는 친구를 달래
기 위해서 자신이 좋아하는 인형을 주는 경우이다. Flavell의 공감
적 추론과 같은 것이다.

(3) 타인의 감정에 대한 공감(empathy for another's feelings) : 2, 3세~

역할 수용을 하게 되면서 아동은 타인의 감정이 자신과는 별개로 이루어지고 그들의 욕구와 상황에 따라 감정이 나타난다는 것을 인식하게 되어 타인이 느끼는 단서에 의해 반응한다. 3세 경에 아동은 단순한 상황에서 타인의 감정을 인식하고 공감 반응을 할 수 있으며 언어발달과 더불어 신체 표현, 상징적 단서의 의미를 파악하여 광범위한 정서에 공감할 수 있고 대상이 없어도 타인의 감정을 적절한 정보를 통하여 공감하게 된다.

(4) 타인의 일반적 곤경에 대한 공감(empathy for another's general plight) : 유아기 후기~

유아기 후기에는 자신과 타인이 별개의 역사와 정체감을 지닌 인간임을 인식하고 타인도 즉각적인 상황 이외의 감정과 경험을 갖고 있음을 알게 되어 타인의 한시적 고통뿐만 아니라 장기적인 곤경에도 공감적 관심을 갖게 된다. 즉각적이고 일시적인 상황보다 타인의 만성적이고 일반적인 상황이 더 비극적인 것에 대해 많은 고통을 느끼는 단계이다. 이런 4단계를 거치면서 사람은 높은 공감 반응을 할 수 있다. 사람들은 자신의 대리적 정서 반응, 상황적 단서, 타인의 생활에 관한 일반적 지식 등에서 얻은 여러 정보를 처리하면서 타인의 상황, 감정, 소망을 이해하고 정의적으로 반응하는 방법을 터득하게 된다.

유아 공감능력 평가

유아기 아이들의 공감능력을 평가하는 방법 중 교사가 유아와 함께 측정하는 검사 도구와 부모가 응답하는 검사 도구를 하나씩 소개한다. 먼저 임영숙과 김밀양의 「**유아용 공감능력 척도**」 개발 연구는 소통적 공감(5개 문항), 사회적 공감(5개 문항), 정서적 공감(5개 문항), 인지적 공감(3개 문항)을 측정했다.[35] 교사가 유아에게 읽어 주고 답을 하게 하는 방법으로 조사를 하는 것이며 하위 요인별 문항은 다음과 같다.

○ **유아용 공감능력 검사 문항**

소통적 공감	무거운 물건을 혼자 들고 가는 친구가 있어. 그때 너는 그 친구에게 "친구야, 내가 도와줄까?"라고 말할 수 있니?
	친구에게 "친구야, 나는 너랑 친하게 지내고 싶어."라고 말할 수 있니?
	너는 친구들과 재미있는 이야기를 할 수 있니?
	"친구야, 나는 네가 참 좋아."라고 안아 주거나 말로 할 수 있니?
	무거운 물건을 혼자 들고 가면서 힘들어하는 친구를 보고 "친구야, 나 좀 도와줘."라고 말할 수 있니?
사회적 공감	네가 정말 갖고 싶은 물건이 있을 때, 그것을 몰래 훔쳐서라도 가지고 싶니?
	친구에게 "나는 너랑 놀기 싫어."라는 말을 한 적이 있니?
	재미있게 놀고 있는 친구의 장난감을 뺏거나 무너뜨리는 행동을 한 적이 있니?
	친구가 너를 화나게 하거나 귀찮게 할 때, 너도 그 친구를 화나게 하거나 귀찮게 한 적이 있니?
	친구에게 나쁜 말을 한 적이 있니?

정서적 공감	함께 놀아 주는 친구가 한(1) 명도 없어서 그 친구가 슬퍼할 때 그 친구와 함께 슬퍼할 수 있니(슬퍼하거나 속상해한 적이 있니)?
	우리 반 모두가 함께하는 생일파티에 초대받지 못한 친구가 딱 한 명이 있을 때 그 친구의 마음은 어떨까?
	(친구가 우는 것을 본 적이 있니?) 친구가 울고 있을 때(우는 모습을 볼 때) 너의 마음은 어떨 것 같니?
	우리 반에 새로 온 친구가 교실에서 친구들과 재미있게 놀고 있을 때 너의 기분은 어떠니(어떨 것 같니)?
	친구가 울고 있을 때 그 친구를 달래거나 기분을 즐겁게 해 주려고 한 적이 있니? (or 할 수 있니?)
인지적 공감	다른 친구들과 놀이할 때, 차례를 지키며 노는 것이 중요하다고 생각하니?
	네가 소중하게 아끼는 하나뿐인 장난감일지라도 친구와 함께 나누며 놀이해야 한다고 생각하니?
	네 생각과 친구의 생각이 다를 때, 친구의 생각이 더 소중하다는 생각을 할 수 있니?

이 연구에서 3~5세 유아 407명을 대상으로 조사한 결과에서 유아의 공감능력에 대한 성차는 여아의 '정서적 공감'이 남아보다 높은 것으로 나타났다. 연령에 대한 차이는 사후검증결과, 3세 유아의 '소통적 공감'이 5세보다 높으며, '사회적 공감'은 3, 4세보다는 5세 유아에게서 높은 것으로 나타났다.

「MEEC(Measure of Empathy in Early Childhood)」[36]는 호주 시드니의 뉴사우스웨일즈대학에서 개발한 유아의 공감능력 측정도구이다. 이 연구에서는 4~7세 아동을 대상으로 새로운 다차원적 부모 보고 공감 척도인 MEEC 점수의 신뢰성, 타당성 및 임상적 유용성을 테스트했다. 이 측정 도구는 5개의 하위 요인으로 구성된다. (R)이 표시된 문항은 5점 척도에서 역배점 문항이다.

① 친사회적 행동 *Prosocial Behavior*

친사회적 행동	내 아이는 내가 화가 났을 때 나를 위로해 준다.
	내 아이는 괴로워하는 아이들을 위로해 준다.
	다른 아이가 화를 내면 내 아이도 위로가 필요하다.
	영화/TV 쇼 등장인물이 화를 내면 내 아이는 화를 낸다.

② 타인의 감정에 대한 주목 *Attention to Others' Emotions*

타인의 감정 주목	내 아이는 다른 사람이 화가 났다는 것을 깨달았을 때 기분을 나아지게 하려고 한다.
	내 아이는 나를 위해 꽃을 따 주거나, 그림을 그려 주거나, 내게 무언가를 가져다주는 등 나를 기분 좋게 만들어 주는 일을 한다.
	누군가가 화가 났을 때, 내 아이는 장난감을 그 사람에게 나눠 준다.
	(R) 내 아이는 누군가가 화를 내도 행동이나 감정을 바꾸지 않는다.
	내 아이는 누군가가 무서워하는 것을 보면 무서워한다.
	내 아이도 다른 아이가 고통스러울 때 위로가 필요하다.
	내 아이는 책 속 등장인물이 길을 잃거나 위험에 처하거나 다치면 화를 내거나 걱정한다.

③ 개인적 고통(감정적 전염/정서적 공감) *Personal Distress (Emotional Contagion/Affective Empathy)*

개인적 고통	내가 다쳤을 때, 내 아이는 내게 와서 나를 확인한다.
	내가 화가 나거나 피곤할 때, 내 아이는 나에게 좋은 일을 한다(예: 티슈를 가져다준다).
	내가 다쳤을 때, 내 아이는 모든 것이 잘 될 거라고 안심시켜 준다.

	내 아이는 화가 난 친구를 위로해 주려고 한다.
	(R) 다른 아이가 울 때, 내 아이는 시선을 돌린다.
	(R) 누군가가 다쳤을 때, 내 아이는 고개를 들지만 걱정하지 않는다.
	(R) 다른 사람들의 불행은 내 아이를 크게 괴롭히지 않는다.
	다른 아이가 무서워하면 아이는 얼어붙거나 울기 시작한다.

④ 개인적 고통–가상적 인물 *Personal Distress-Fictional Characters*

	(R) 누군가가 다치더라도, 내 아이는 감정적으로 영향을 받지 않는다.
	내 아이는 주변 다른 아이들이 긴장하면 긴장한다.
	다른 아이들이 걱정하고 당황하면 아이는 걱정된다.
개인적 고통 -가상적 인물	영화 속 등장인물에게 나쁜 일이 일어나면 아이는 화를 낸다.
	내 아이는 곤경에 처한 책 속 등장인물에 감정적으로 영향을 받는다.
	슬픈 영화나 TV 쇼는 내 아이를 슬프게 만든다.
	내 아이는 자신보다 행운이 없는 사람들에 대해 걱정한다.
	내 아이는 신체적으로 장애가 있는 다른 사람들(예: 휠체어)에 대해 슬퍼한다.

⑤ 동정심 *Sympathy*

	(R) 내 아이는 누군가가 다치거나 부상을 입었을 때 눈치채지만 걱정하지 않는다.
	(R) 내 아이는 다른 사람이 울 때 눈치채지 못한다.
	(R) 내 아이는 누군가가 심하게 다치거나 화가 난 상황을 무시한다.
동정심	내 아이 주변 사람들이 긴장하거나 걱정하면 아이도 약간 무서워하고 걱정한다.
	내 아이는 주변 다른 아이들이 슬퍼하면 슬퍼한다.
	내 아이는 영화, 연극 또는 소설 속 등장인물의 감정에 깊이 관여한다.
	내 아이는 그는/그녀는 노숙자와 같이 자신보다 덜 행운의 사람을 본다.
	노숙자나 아픈 아이들의 포스터를 보면 내 아이가 화가 난다.

공감과 배려의 관계

지금까지 유아기의 공감능력의 중요성에 대해 살펴보았고, 이제 유아의 공감능력이 배려적 사고와 배려행동, 정서지능, 정서조절능력 등 아동발달에 어떻게 긍정적으로 작용하는지 알아보자.

(1) 공감교육활동이 유아의 정서지능과 배려적 사고에 미치는 영향

우지연과 최일선은 인천광역시 M유치원의 만 5세 28명(실험 집단)과 W유치원의 만 5세 28명(비교 집단)을 선정하여 실험 집단에서는 9주 동안의 공감교육활동을 실시한 후 유아의 정서지능과 배려적 사고에 어떠한 영향이 있는지 확인하였다.[37]

이 연구의 결과는 다음과 같다. 첫째, 공감교육활동을 실시한 후 실험 집단과 비교 집단 간에 유아의 정서지능 전체와 하위변인인 자기인식과 표현, 자기조절, 타인인식, 타인조절에서 통계적으로 유의미한 차이가 있었다. 둘째, 공감교육활동을 실시한 후 실험 집단과 비교 집단 간에 유아의 배려적 사고 전체와 하위변인인 규범적 사고, 정서적 사고, 행동적 사고에서 통계적으로 유의미한 차이가 있었다. 이와 같은 결과는 공감교육활동이 유아의 정서지능과 배려적 사고에 긍정적인 영향을 끼친다는 것을 보여 준다.

○ 공감 교육활동

회기	생활주제	활동명	활동유형
1회	우리 나라	걱정인형에게 말해요	동화
2회		나에게 동생은?	동극
3회		가족을 위하여	이야기 나누기
4회		나만 몰랐나 봐	동화
5회		엄마의 마음은 어떨까요?	역할극
6회		내 마음을 나눠요	토의
7회	세계 여러 나라	양보의 기쁨	토의
8회		친구를 위해서라면 괜찮아	동화
9회		즐거운 마음으로	역할극
10회		그런데 이상하다	동시
11회		이럴 때 뭐라고 하지?	동극
12회		천사가 되어요	토의
13회	환경과 생활	행복을 전해요	동화
14회		우리 여진이	역할극
15회		공공장소에서 어떤 마음일까요?	토의
16회		내가 해님, 달님이라면	동극
17회		북극곰아 미안해	동극
18회		그림 속 이야기	토의

도입: 상황 마주하기 (인지적 공감)	유아들이 직·간접적으로 경험할 수 있는 다양한 상황을 살펴보는 단계
전개: 공감하며 생각하기 (정서적 공감)	주어진 상황을 자신의 경험과 연관 지어 보며 자신과 상대방의 감정을 인식하고 공감하는 단계
마무리: 적용하여 소통하기 (의사소통적 공감)	공감적 의사소통이 이루어지도록 적절한 표현을 하는 단계

(2) 공감교육활동이 유아의 정서조절능력과 배려행동에 미치는 영향

　권민정 등은 **그림책을 활용한 공감활동**이 유아의 정서조절능력과 배려행동에 미치는 효과를 확인하는 연구를 하였다.[38] 유아 정서조절 능력을 측정하기 위한 선행 연구에서의 측정도구를 사용하여 만 4세 유아 34명을 대상으로 실험 집단과 통제집단 그룹 17명씩으로 나누어 7주간 총 14회에 거쳐 진행하였다.

　연구자는 실험 집단의 유아들을 대상으로 공감과 연관된 그림책을 읽고 이야기 나누기와 그에 따른 연계 활동의 두 단계로 구성하여 실시하였다. 첫 번째 활동에서는 그림책을 읽고 그림책의 등장인물의 감정, 상황 등에 대한 공유로 자신과 다른 사람에 대한 느낌, 생각을 공감하는 그림책 속 공감 이야기 나누기 활동을 하고, 이를 바탕으로 두 번째 활동에서는 그림책과 연관된 음률, 극놀이, 신체, 언어활동, 미술활동 등의 연계활동을 계획하여 실행하였다. 각 활동의 소요시간은 약 30분이며, 개별 활동 및 대·소집단 활동의 형태로 진행하였다. 통제집단은 실험 집단과 같은 기간 동안 주 1회 동일한 그림책을 대집단으로 담임교사가 읽어 준 후 언어영역에 구성하여 유아들이 하루일과를 지내는 동안 자유롭게 그림책을 읽을 수 있게 하였다.

　이 연구는 유아가 자신과 상대방의 감정을 이해하고, 다른 사람의 경험을 나의 것처럼 공유하며 내면화하는 공감활동을 유아에게 적용하여 유아의 정서조절능력(적응적 정서조절, 부정정서조절)과 배려행동(자신에 대한 배려행동, 친밀한 타인에 대한 배려행동, 다양성에 대한 존중, 자연 및 환경에 대한 배려행동)에 어떠한 변화를 나타내는지를 목적으로 수행되었다. 연구결과 그림책 활용 공감활동은 전체적인 정서 조절 능력을 향상시키는 효과가 있었고, 전체적인 배려행동을 향상시키는 효과도 확인되었다. 따라서 그림책을 활용한 공감활동은 유아에게 상대방의 생각과 감정을 인식하고 알맞게 조절하고 유지하며 상대방을 배려하는 행동에 대해 긍정적인 효과가 있다는 것을 알 수 있다.

○ 공감활동을 위해 선정된 그림책 목록

번호	그림책 제목	지은이	출판사/출판년	공감요소
1주	늑대가 들려주는 아기돼지 삼형제 이야기	존 세스카	보림 2008. 05. 30.	인지, 정서, 의사소통
2주	얘가 먼저 그랬어요	가브리엘라 케셀만	고래이야기 2008. 03. 20.	인지, 정서, 의사소통
3주	이제 너랑 안 놀아	신경아	키즈엠 2014. 03. 03.	인지, 정서, 의사소통
4주	지각대장 존	존 버닝햄	비룡소 1995. 11. 01.	인지, 정서, 의사소통
5주	돼지책	앤서니 브라운	웅진주니어 2001. 10. 15.	인지, 정서, 의사소통
6주	소피가 화나면 정말 정말 화나면	몰리 뱅	책읽는곰 2013. 11. 26.	인지, 정서, 의사소통
7주	로봇팔을 찾아주세요	이상교	아이세움 2006. 09. 15.	인지, 정서, 의사소통

부모의 공감과 유아의 배려행동 발달

앞에서 유아 아동의 공감능력이 배려행동 등 친사회적 행동과 정서적 발달에 중요함을 살펴보았다. 아동발달에 있어 부모의 영향은 지대하다. 유아 아동의 공감능력과 배려행동에도 부모의 영향이 매우 중요하고 특히 어머니의 공감능력과 긍정적인 정서는 아동에게 큰 영향을 미친다.

(1) 부모의 공감능력의 핵심 역할

공감적인 양육은 유아의 친사회적 행동과 공감능력 발달에 중요한 연관성을 가진다. 높은 공감능력을 가진 부모는 자녀에게 배려적인 상호작용의 본보기가 된다. 공감능력이 뛰어난 부모의 자녀는 타인의 정서 상태에 더 민감하게 반응하는 경향을 보인다. 부모의 공감능력의 질은 아동 발달 전반에 걸쳐 중요하며, 이는 단순히 즉각적인 행동뿐만 아니라 사회적, 정서적 기술의 장기적인 발달에도 영향을 미친다.[39]

특히 초기 아동기에는 어머니의 공감능력이 매우 큰 영향을 미친다는 연구 결과가 많다.[40] 갓난아기는 낯선 사람보다 어머니에게 더 큰 공감 반응을 보이는 경우가 많다. 이는 어머니와 영아 사이의 초기 유대감과 빈번한 상호작용이 공감능력 전달에 독특한 환경을 제공하기 때문일 수 있다. 실제로 어머니의 공감능력과 영아의 공감능력 발달 사이에는 긍정적인 상관관계가 있다는 연구 결과가 있다.[41] 또한, 어머니의 인지적 공감능력은 미취학 아동의 배려행동에 긍정적인 영향을 미치는 것으로 나타났다. 인지적 공감능력은 자녀의 감정 상태를 이해하는 능력으로, 어머니가 자녀의 감정을 이해하려는 의식적인 노력이 자녀의 더 많은 배려행동으로 직접적으로 이어진다는 것을 시사한다.[42] 어머니가 자녀의 감정을 이해하고 민감하게 반응할 때, 자녀는 자신이 이해받고 안전하다고 느끼며, 이는 결국 타인을 이해하고 배려하는 능력으로 이어진다.

(2) 부모의 공감능력이 자녀의 배려행동에 영향을 미치는 메커니즘

① 모델링 및 관찰 학습:

아이들은 부모와 양육자의 행동을 관찰하면서 친사회적 행동을 학습한다. 유아는 어른들이 도움을 주는 것을 본 후 도움을 줄 가능성이 더 높아진다.[43] 배려심 있는 부모는 공감, 도움, 위로와 같은 행동의 본보기를 제공하며, 아이들은 이러한 행동을 모방하게 된다. 부모는 일상적인 상호작용과 타인의 감정에 대한 반응을 통해 아이들이 내면화하고 따라 할 수 있는 강력한 모범을 제시한다. 부모가 자신의 행동에 주의를 기울이는 것이 자녀에게 공감과 배려를 가르치는 직접적인 방법이다. 부모가 타인에게 공감하는 모습을 보이고, 어려운 상황에 처한 사람을 돕거나 위로하는 행동을 자주 보여줄수록, 아이들은 자연스럽게 이러한 행동을 배우고 내면화하게 된다.

② 자녀의 정서 인식 및 이해 능력 함양:

부모의 공감능력은 자녀가 다양한 감정을 인식하고 이해하도록 돕는 데 중요한 역할을 한다. 부모가 자녀의 감정을 정확하게 인식하고 그 감정을 인정하고 공감해 줄 때, 자녀는 자신의 감정을 안전하게 표현할 수 있다는 것을 배우게 되며, 이는 정서 지능 발달의 핵심 요소이다. 부모는 자녀에게 자신의 감정과 다른 사람의 감정을 인식하고 이름 붙이는 방법을 가르칠 수 있다. 부모가 자녀의 감정에 민감하게 반응하고, 그 감정을 이해하고 명명하도록 도와줄 때, 자녀는 타인의 감정을 인식하고 이해하는 능력을 키울 수 있으며, 이는 공감능력의 핵심 요소이다. 예를 들어, 자녀가 슬픔을 느낄 때 "네 마음이 아프구나"라고 말해 주는 것은 자녀가 자신의 감정을 이해하고 표현하는 데 도움이 된다.

③ 관점 수용 능력 발달 촉진:

공감능력은 타인의 관점을 이해하는 것을 포함한다. 아이들은 4~5세경에 관점 수용 능력을 발달시키기 시작한다. 부모는 자녀에게 다른 사람들이 다양한 상황에서 어떻게 느낄지 질문함으로써 관점 수용 능력을 장려할 수 있다. 부모의 지도와 타인의 감정과 관점에 대한 대화는 자녀의 '마음 이론' 발달과 '다른 사람의 입장에서 생각하는' 능력에 직접적으로 기여하며, 이는 공감능력과 배려행동에 필수적인 기술이다. 부모가 자녀에게 "만약 네 친구가 네 장난감을 빼앗아 간다면 기분이 어떨 것 같아?"와 같은 질문을 던지며 다른 사람의 입장에서 생각해 보도록 유도하는 것이 좋은 예시이다.

(3) 부모의 긍정적인 정서의 기여

따뜻하고 민감한 부모-자녀 관계는 공감능력과 친사회적 행동을 촉진한다. 어린 시절 부모와 따뜻하고 사랑스러운 관계를 경험한 아이들은 나중에 더 많은 친사회적 성향을 보이는 경향이 있다. 부모의 따뜻함은 신뢰와 유대감을 형성하여 아이들의 타인에 대한 관심을 높일 수 있다. 부모의 긍정성(긍정적인 감정과 비강압적인 훈육)은 자녀의 친사회적 행동과 긍정적인 상관관계를 갖는다는 연구 결과가 있다.[55] 부모가 조성하는 긍정적인 정서적 분위기는 아이들이 안전하고 사랑받는다고 느끼는 안정적이고 양육적인 환경을 조성하며, 이는 아이들이 공감능력을 배우고 배려행동을 보이는 데 더 수용적이도록 만든다. 사랑과 지지를 보내는 부모 밑에서 자란 아이는 자신이 가치 있다고 느끼고 타인에 대한 신뢰와 공감능력을 발달시키며, 이는 결국 친절하고 배려심 있는 행동으로 이어진다.

(4) 부모의 낮은 공감능력 및 부정적인 정서의 해로운 영향

부모의 공감능력 부족은 자녀의 공감능력 발달을 저해할 수 있다.[39] 가혹한 양육 방식은 자녀의 친사회적 행동 감소와 관련이 있다는 연구 결과가 있다.[44] 부모의 부정적인 정서는 자녀의 문제 행동 증가로 이어질 수 있다.[45] 낮은 공감능력과 부정적인 정서와 관련된 부모의 소진은 청소년의 친사회적 행동에 부정적인 영향을 미칠 수 있다는 연구 결과도 있다.[46] 부모의 낮은 공감능력과 부정적인 정서는 자녀가 타인의 감정을 이해하고 배려하는 능력을 키우는 데 어려움을 겪게 하는 불안하고 불안정한 환경을 조성할 수 있다. 이는 부모의 공감능력 부족이 부정적인 자녀 결과로 이어지고, 이는 다시 부모의 공감능력 부족을 강화하는 악순환을 야기할 수 있음을 시사한다.[39]

3장

배려행동에
영향을 주는 요인들

　저자는 오랫동안 유아 교육기관에 종사하면서 "유아 인성교육"을 최우선의 가치로 두고 기관을 운영하려고 노력했고 인성교육 우수기관 지정, 인성교육 우수 프로그램 선정 등 다양한 수상 경험도 있다. 인성교육에서는 유아의 개인적인 성격과 기질도 중요한 고려 사항이 되어야 하고 아이들이 함께 생활하고 성장하는 사회성 발달에 중요하게 다루어져야 할 여러 가지 덕목들을 실제 활동 프로그램에 반영했고, 더불어 가정 및 지역사회와 연계된 유아 인성교육을 지향하려고 노력했다.

　현장에서 개별적으로 아이 한 명씩을 관찰하고 부모상담을 해 보면, 교육기관에서의 이 모든 노력에도 불구하고 부모의 역할과 가정에서 유아에게 제공되는 제반 환경적 요인들이 아동발달에 가장 큰 영향을 미치고 있음을 발견하곤 한다. 배려행동 발달에 대한 영향 요인을 살펴보기에 앞서서 유아 인성발달에 대한 부모의 역할과 가정환경에서 오는 영향을 알아보기 위한 저자의 연구 중 6편의 학술지 논문[1-6]을 먼저 소개한다.

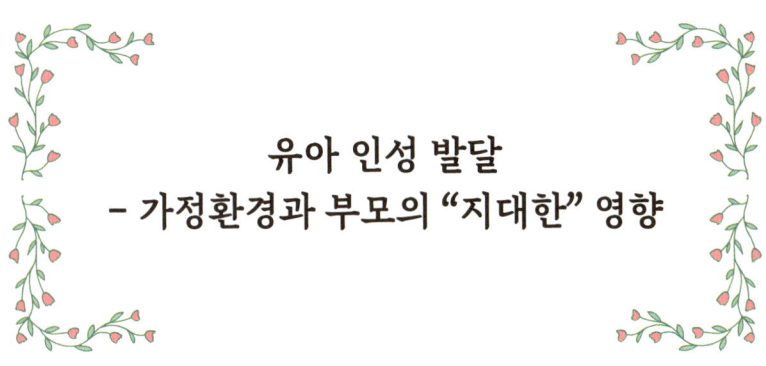

유아 인성 발달
– 가정환경과 부모의 "지대한" 영향

가정의 사회경제적 배경, 가정환경자극, 유아의 상호작용적 또래놀이 간의 관계[1]

인간 발달에 있어서 유아기는 타인과 너불어 살아갈 수 있는 능력의 기초를 이루는 사회·정서적 발달의 결정적 시기이며, 이 시기에 유아는 사회적으로 유능한 인간으로 성장하는 중요한 변화를 겪게 된다. 또한, 주도성과 자아개념이 발달하고 적극적인 탐색활동이 증가하는 등 발달적 특성상 다른 시기에 비해 타인과의 갈등을 일으키게 되는 문제행동이 많이 발생할 수도 있어서[7], 유아가 사회구성원으로서 타인과 함께 더불어 살아가는 데에 필요한 사회성을 기르는 것이 매우 중요한 시기이기도 하다.

유아기의 이러한 사회성 발달은 일차적으로 가정에서 시작되지만, 유아들은 점차로 유아교육기관에서 함께 생활하는 교사나 또래와의 상호작용을 통해서 사회적 관계형성 기술을 습득해 나가게 된다. 또 래와의 효과적인 상호작용을 통한 건강한 관계형성은 유아기 아동의 중요한 발달과업이다.[8] 아동이 또래와의 상호작용에서 암묵적으로 주 고받는 사회적 규칙이나 상호교환을 성공적으로 수행하지 못하게 될 경우 또래로부터 거부당할 수도 있기 때문에[9], 또래와의 상호작용은 아동의 건강한 발달을 위해 중요한 맥락을 제공하는 것임을 알 수 있 다.[10] 그리고 이 시기에 시작된 사회적 관계 형성 기술은 비단 유아기 뿐만 아니라 그 후에 유아가 성장해 가는 과정을 포함하여 성인이 된 이후에까지 평생 동안 중요한 영향을 미치게 될 것이다.

특히, 놀이는 아동의 적응과 발달을 향상시키고 사회, 정서와 관련 된 문제를 감소시키는 데 중요한 역할을 담당한다. 그중에서도 또래 와 함께하는 놀이는 아동에게 사회적 유능성을 획득하게 하는 중요한 맥락을 제공한다고 볼 수 있다.[10] 따라서 유아는 상호작용적 또래놀이 를 통해서 사회적·정서적 능력을 키워나가고, 나누기, 배려하기, 순 서 지키기, 협동하기, 감정 조절하기, 자기조절력 등의 사회적 기술 을 적용하는 과정을 통해 사회적 능력을 향상시켜 나간다.[11-13]

Fantuzzo 등(1995)[11]도 유아기의 발달적 과제는 아동이 놀이상 호작용에 활발하게 지속적으로 참여하는 것이라는 입장이다. 이들은 또래 상호작용을 아동이 학급 내 놀이상황에서 상호작용하는 가운데 보여 주는 행동 특성의 개인차로 보았는데, 아동이 또래와 놀이를 지 속하기 위해서는 아동이 놀이상황에서 또래와 상호작용을 유지하는 데 도움이 되는 행동과 방해가 되는 행동을 규명하는 것이 필요하고, 이를 3가지 차원으로 구성하였다. 각 차원에 따라 살펴보면, 놀이상호작용은 친사회적 행동특성으로, 놀이방해는 공격적 행동 특성으로, 그리고 놀이단절은 위축적 행동특성으로 구성되었다.

이를 토대로 아동이 또래와 상호작용하는 과정에서 나타나는 행동의 개인차를 살펴보기 위해 상호작용적 또래놀이 척도(The Penn Interactive Peer Play Scale: PIPPS)가 개발되었다. 「**놀이상호작용**」은 생각 공유하기, 다른 유아 돕기, 격려하기, 창의성 등과 관련된 긍정적 차원이고, 「**놀이방해**」는 싸움, 고자질, 불평, 언어적·신체적 공격과 같은 부정적 차원이며, 「**놀이단절**」은 배회, 놀이 거절, 무시 등 위축행동과 관련된 또 하나의 부정적 차원을 의미한다. 이처럼 PIPPS는 상호작용적 또래놀이 형태를 긍정적인 차원과 부정적인 차원으로 나누어 제시하고 있다.[14] 그 밖에도 많은 연구들에서 또래간 상호작용의 유형을 긍정적인 차원과 부정적인 차원으로 나누어 설명하고 있다.[15-18]

Fantuzzo 등(1995, 1998)[11, 19]이 PIPPS를 제시한 이후로 국내에서도 이 척도를 활용하여 유아의 상호작용적 또래놀이에 영향을 주는 요인들에 관한 다양한 연구들이 수행되었다. 이를 요약해 보면, 유아의 개인 내적 특성(성격유형, 기질, 자기조절력 등) 및 외적 행동을 고려한 변인들(사회적 유능성, 문제행동, 놀이성, 놀이특성, 유아교육기관 적응 등)과 부모에 의한 영향(어머니의 놀이신념, 양육행동, 언어통제유형 등), 그리고 교사에 의한 영향(교사의 창의적 역할, 교사–유아관계 등) 등에 대하여 유아의 상호작용적 또래놀이와의 인과관계 규명을 위한 다양한 연구들이 수행되어 유아의 개인변인과 부모 및 교사 관련 변인들의 영향에 대해서는 어느 정도 규명이 되고 있는 것으로 보인다. 그러나 유아의 상호작용적 또래놀이에 영향을 주는 여러 변인들 중에서 가정의 환경적 배경 요인의 영향에 대한 규명은 그동안 충분하게 다루어지지 않았다.

이에 저자의 연구에서는 가정환경변인으로 고려하기에 적합한 가정의 사회경제적 배경(Socio-Economic Status: SES)과 가정환경자극(Home Observation for Measurement of the Environment: HOME)이라는 두 개의 변인을 선정하여 유아의 상호작용적 또래놀이에 영향을 미치는 관련변인들에 관한 보충적인 연구 결과를 도출하고자 하였다.

먼저, 유아의 상호작용적 또래놀이에 영향을 미칠 수 있는 가정환경으로 가정의 사회경제적 배경(SES)을 들 수 있다. SES란 부모의 사회경제적 지위를 부모의 직업이나 수입, 교육 정도 등을 종합해서 하나의 값으로 표시한 것이며, 이를 통해 가정의 사회경제적 지위에 따른 아동발달에 있어서의 차이 및 영향관계 등을 규명할 수 있도록 나타낸 것이다.

그리고 가정환경자극(HOME)이란 유아를 위해 가정에서 제공하는 물리적 경험, 부모가 상호작용하면서 유아에게 제공하는 심리적 환경, 물리적 자극 경험, 온정적인 가정 분위기, 가정의 조직화 정도와 안정성 등을 의미하며, 유아기의 질적인 가정환경자극은 언어, 정서, 사회성 발달뿐만 아니라 유아의 학습행동에도 긍정적인 영향을 미치게 된다.[20] 이에 관한 다양한 연구들을 통해서 인간의 초기 경험과 발달 사이에 가정환경자극이 아동의 발달에 직·간접적인 영향을 미치는 중요한 변인이며, 이는 유아가 초기에 경험하는 물리적인 가정환경자극이 유아의 지적능력, 언어발달, 사회·정서적 발달, 학업성취 및 동기화에 유의한 영향력이 있으며, 부모와 자녀간의 심리적인 가정환경이 유아의 사회·정서적 기술에도 영향이 있다는 것이 밝혀지고 있다. 이와 같은 선행 연구들은 가정환경자극이 유아가 나타내는 상호작용적 또래놀이 형태에 대해서도 영향을 미치게 될 것임을 시사해 준다. 뿐만 아니라, 가정환경자극이 가정의 사회경제적 배경과 아동 발달 간의 관계를 매개하는 요인이라는 것이 제기된 연구들도 있다. [21-23]

저자의 연구에서는 유아의 상호작용적 또래놀이 행동과 가정의 사회경제적 배경, 가정환경자극 간에 어떠한 상관관계가 있는지 알아보고, 가정의 사회경제적 배경과 유아의 상호작용적 또래놀이 간에 가정환경자극이 매개 변인이 되는지에 관하여 가설적 모형을 설정하여 이들 변인들의 인과적 구조관계를 밝히고자 하였다.

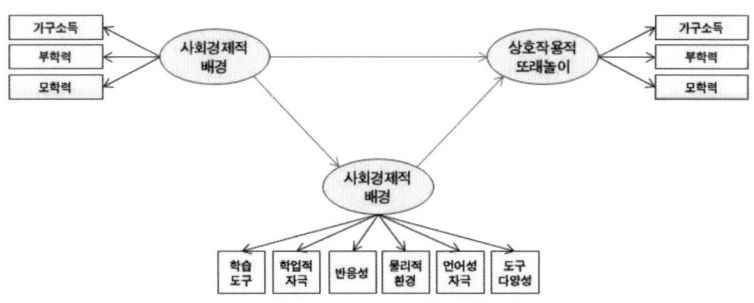

그림4. 인과관계를 나타내는 구조방정식모형

이를 위해 총 255명의 유아를 대상으로 한 설문조사 결과를 분석한 결과는 다음과 같다.

첫째, 가정의 사회경제적 배경과 가정환경자극, 그리고 유아의 상호작용적 또래놀이의 하위요인 간에는 일부 요인을 제외한 대부분의 요인 간에 정적인 상관관계가 있는 것으로 나타났다. 이는 큰 틀에서 볼 때 가정의 사회경제적 배경이 높을수록, 그리고 가정에서의 질적 가정환경자극이 다양하게 주어질수록 유아의 상호작용적 또래놀이 행동 점수가 높게 나타남을 의미한다. 단, 상호작용적 또래놀이를 구성하는 부정적인 차원들(놀이 방해, 놀이 단절)에 대해서 역채점으로 분석하였기 때문에, 실제로는 부정적인 또래놀이 차원들에 관해서는 부적 상관을 갖는 것으로 보아야 하며, 이는 사회경제적 배경과 가정환경자극 점수가 높은 유아들의 경우에 부정적인 또래놀이 행동 차원들의 점수가 낮게 나타난 결과로 해석된다.

　둘째, 가정의 사회경제적 배경은 가정환경자극과 유아의 상호작용적 또래놀이 행동에 직접적인 영향을 미치는 것으로 나타났으며, 사회경제적 배경이 상호작용적 또래놀이 행동에 미치는 영향에서 가정환경자극이 매개함으로써 간접적인 영향을 미치는 것으로 나타났다. 즉 유아의 상호작용적 또래놀이 행동에 대해 사회경제적 배경 변인은 직접적인 영향과 간접적인 영향에서 모두 유의미한 변인임이 확인되었고, 가정의 사회경제적 배경이 상호작용적 또래놀이에 미치는 직접영향뿐만 아니라 가정환경자극이 매개하였을 때의 간접영향도 큰 것으로 나타났다. 이러한 결과는 가정의 사회경제적 배경 변인이 유아의 발달과 행동에 영향을 미치는 중요한 요인이기는 하지만, 그 자체로써 인과관계를 직접 설명하기보다는 다른 환경적 요인과 복합적으로 작용하여 아동 발달과 행동에 영향을 미치는 변인이라는 것을 시사한다.

그러므로 연구 결과는 놀이 방해 및 놀이 단절 등 부정적인 또래놀이 행동을 나타내는 유아들의 경우에 놀이 상호작용 행동을 길러 주기 위해서 가정에서의 질적 가정환경자극 개선을 위한 노력이 필요하다는 점을 시사한다.

유아의 상호작용적 또래놀이 행동과 가정의 사회경제적 배경 및 가정환경자극 간의 관계를 규명한 이 연구의 결과를 종합해 볼 때, 다음과 같은 결론 및 실천적 시사점을 얻을 수 있다. 연구에서 제시된 인과적 구조모형의 경로를 확인한 결과 가정의 사회경제적 배경이 상호작용적 또래놀이에 미치는 직접영향뿐만 아니라 가정환경자극이 매개하였을 때의 간접 영향도 큰 것으로 나타났다. 이는 가정의 사회경제적 배경의 영향에도 불구하고 가정환경자극의 매개효과를 통해서도 유아의 상호작용적 또래놀이 행동에 큰 영향을 미칠 수 있다는 것을 의미한다.

그러므로 이 연구의 결과는 놀이 방해 및 놀이 단절 능 무성석인 노래놀이 행동을 나타내는 유아들의 경우에 놀이 상호작용 행동을 길러 주기 위해서 가정과 유아교육기관에서의 노력이 필요하다는 점을 시사한다. 특히, 본 연구에서 고려한 가정환경자극은 가정의 경제적 수준이나 부모의 인식 및 양육태도 등에 의해서 종합적인 영향을 받는 것이지만, 부모의 인식이 개선됨으로써 충분하게 제공될 수 있는 것이기 때문에, 유아교육기관에서는 부모교육 및 개별 부모상담 등을 통하여 부모가 유아에게 질적으로 양호한 가정환경자극을 제공할 수 있도록 인식을 개선하고 구체적인 방법을 제시하는 등의 방법으로 도와야 할 것이다.

가정환경자극, 모-자 상호작용,
유아의 상호작용적 또래놀이 간의 관계[2]

이 연구는 가정환경자극 및 어머니-자녀 상호작용과 유아의 상호
작용적 또래놀이 간의 관계를 밝혀 보기 위하여 수행된 것으로써,
255명의 유아와 어머니를 대상으로 연구를 수행하였다. 가정환경자
극, 모-자 상호작용, 상호작용적 또래놀이 간의 상관관계를 산출하
였으며, 세 변인 간의 관계를 구조방정식 모형으로 제시하였다.

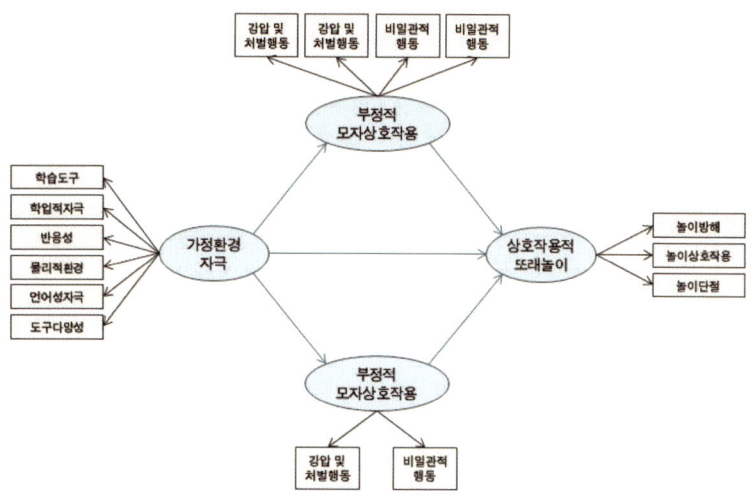

그림5. 인과관계를 나타내는 구조방정식모형

연구의 결과는 첫째, 가정환경자극과 모-자 상호작용, 그리고 유아
의 상호작용적 또래놀이 간에는 일부 요인을 제외한 대부분의 하위요

인 간에 유의미한 상관관계가 있는 것으로 나타났다. 둘째, 연구의 가설모형에서 설정된 가정환경자극과 유아의 상호작용적 또래놀이 간의 관계에서 긍정적 및 부정적 모-자 상호작용을 매개로 한 모든 변인 간 경로는 유의미한 것으로 나타났다. 셋째, 가정환경자극은 유아의 상호작용적 또래놀이에 직접적인 영향을 미칠 뿐만 아니라 긍정적 및 부정적 모-자 상호작용을 매개로 하여 간접적인 영향을 주는 것으로 나타나 모-자 상호작용 변인의 매개효과는 유의미한 것으로 확인되었다.

부모의 스트로크가 유아의 인성, 자기조절능력, 문제행동에 미치는 영향[3]

유아기 가정에서의 경험은 성격이나 사고, 감정과 같은 개인적 차원뿐만 아니라 타인과의 관계를 맺고 유지해 나가는 등의 사회적 차원에까지 영향을 미친다. 가정에서의 경험은 가족 구성이나 사회경제적 배경 이외에 자녀에 대한 부모의 양육태도에 의해서도 크게 달라지는데, 이와 관련하여 교류분석(Transactional Analysis: TA)의 창시자 Bernes(1972)는 1세부터 6세까지의 부모와 함께 한 초기 경험이 유아의 성격, 자아개념, 사회성 발달에 원동력이 되며 이는 일생에 걸쳐 영향을 미친다고 설명한다.[24] 더불어 인간은 자신의 존재를 인정받고자 하는 욕구를 가지며 존재에 대한 인정 자극은 어떠한 사고나 행동에 대한 동기로서 기능한다고 주장한 바 있다.

존재에 대한 인정 자극이란 자신이 인정받고 있음을 지각하게 하는 타인의 제스추어나 행동 등을 말하는 것으로 교류분석에서는 이를 자녀를 향한 부모의 반응으로서 스트로크(stroke)라 명칭한다.

스트로크란 용어적으로는 '쓰다듬다'로 번역되며 학문적으로는 신체적 접촉과 더불어 자신에 대한 타인의 태도, 자신의 존재 및 인격을 인지하도록 하는 단위를 의미한다.[25] 교류분석에서는 스트로크를 긍정적 스트로크와 부정적 스트로크, 노 스트로크 등 3가지로 분류하였다.

① 긍정적 스트로크

긍정적 스트로크는 삶의 살아가는 기본적인 부분에서부터 타인과 관계를 맺고 마음을 주고받는 영역에까지 이해, 평가, 칭찬, 승인, 사랑 등을 표현하는 행동 모두를 포괄한다.[26] 자녀의 머리를 쓰다듬거나 눈을 마주치는 행동, 자녀에게 미소를 짓거나 다정하게 말하는 등의 행동 모두가 스트로크에 해당하며 이러한 언어적·비언어적 행동들은 긍정적 스트로크로서 자녀의 인지 및 행동발달에 기여한다.

② 부정적 스트로크

부정적 스트로크는 관심의 결핍 또는 잘못된 관심에서 발생한 것으로 인간이 가지는 부정적 이면을 외면하거나 왜곡하는 것을 말한다. 부정적 스트로크는 자녀에게 신체적 위협을 가하거나 부정적 피드백 또는 폭력적 언어표현을 하는 경우로서[27] 부정적 스트로크를 경험한 아이들은 그렇지 않은 아이들에 비해 자아존중감이 낮고[28] 또래와의 관계가 원활하지 못한 경향이 있다.[26]

③ 노 스트로크

노 스트로크는 타인에 대한 무관심한 태도이며 타인에게 먼저 표현을 하지 않는 것은 물론 타인의 표현에도 응답하지 않는 경우이다. 노 스트로크는 부모 자녀 간 교류가 부재하거나 매우 적은 상태로 자녀 스스로 자신에 대한 부모의 관심이 부재함을 지각하는 경우이다. 즉 스트로크란 몸짓, 표정, 언어 등으로 표현되는 전반적인 교류 활동으로 자신의 존재를 인정받고 있다는 인식을 가능하게 한다.

긍정적·부정적 차원의 스트로크는 그 유형에 따라 신체적, 언어적, 조건적, 무조건적 스트로크로 다시 세분화된다. 신체적 스트로크는 신체적 접촉이 수반되는 스트로크를, 언어적 스트로크는 말이나 칭찬으로 표현되는 스트로크를, 조건적 스트로크는 특정 행동 및 태도의 대가로 주어지는 긍정적·부정적 반응을, 무조건적 스트로크는 유아의 행동 자체에 대한 표현이라 할 수 있다. 이외에 아무런 반응이 나타나지 않는 노 스트로크 유형이 있다.

연구자들은 편의상 스트로크의 하위차원을 긍정 신체, 긍정 언어, 긍정 조건, 긍정 무조건, 부정 신체, 부정 언어, 부정 조건, 부정 무조건 그리고 노 스트로크로 구분하고 있지만 실제 상황에서의 스트로크 유형은 혼재되어 나타나는 경우가 많다. 가령 자녀가 친구를 도와주었을 때 칭찬을 해 주는 것은 긍정적 차원의 조건적이면서 언어적인 스트로크 유형이다. 반면 자녀가 실수로 물건을 잃어버렸을 때 체벌을 가하는 것은 부정적 차원의 조건적이면서 신체적인 스트로크라 할 수 있다.

이처럼 스트로크는 다양한 차원의 요소들이 결합하여 이루어지는 대인 커뮤니케이션의 한 형태로 가정을 벗어나 처음 접하게 되는 2차 사회화 기관에서의 행동 수행에 중대한 영향을 미친다.

저자의 연구에서는 부모 스트로크 유형이 유아의 인성, 자기조절능력, 문제행동에 미치는 영향을 알아보았다. 이를 위해 서울시 소재의 어린이집에 재원 중인 만 4~5세 유아와 부모 및 담임교사를 대상으로 설문조사를 실시한 결과는 다음과 같다.

첫째, 유아 인성에 영향을 미치는 부모 스트로크 유형은 어머니의 긍정-언어적, 긍정-무조건적 스트로크와 아버지의 노 스트로크였다.

둘째, 유아 자기조절능력에는 어머니의 긍정-신체적, 긍정-언어적, 긍정-무조건적 스트로크, 부정-언어적 스트로크와 아버지의 긍정-신체적, 긍정-무조건적, 부정-신체적, 부정-무조건적 스트로크, 노 스트로크가 영향을 미치고 있었다.

셋째, 유아의 문제행동에 영향을 미치는 부모 스트로크 유형은 어머니와 아버지의 긍정-무조건적, 긍정-조건적, 부정-신체적, 부정언어적 스트로크 유형과 아버지의 부정-조건적 스트로크 및 노 스트로크였다.

부모의 차이에 있어서는 대체적으로 어머니는 긍정적 스트로크 유형에서 보다 많은 영향을 미치고 있었고, 아버지는 긍정적 스트로크 유형 외에도 부정적 스트로크 유형에서 어머니에 비해 보다 많은 영향을 미치고 있었다. 이 연구는 부모−자녀의 교류적 변인으로 스트로크의 중요성을 입증하였고 연구결과는 유아의 긍정적 성장을 촉진하기 위한 방법으로서 부모의 역할을 시사하는 이론적, 교육적 자료로 활용될 수 있을 것이다.

부모의 인성 리더십이 유아의 자기조절능력 및 문제행동에 미치는 영향과 유아 인성의 매개효과[4]

이 연구는 부모 인성 리더십의 영향을 살펴보고자 한 것이다. 구체적으로 부모의 인성 리더십이 유아의 자기조절능력 및 문제행동에 영향을 미치는지, 유아 인성의 매개효과가 나타나는지 검증하고자 하였다. 이를 위해 만 4−5세 유아의 부모와 교사를 대상으로 설문조사를 실시하였고 다음과 같은 결과를 도출하였다.

첫째, 어머니와 아버지의 인성 리더십은 유아의 자기조절능력에 정적인 영향을 미치고 있었다. 둘째, 어머니와 아버지의 인성 리더십은 유아의 문제행동에 부적인 영향을 미치고 있었다. 셋째, 부모의 인성 리더십과 자기조절능력 및 문제행동에 대한 유아 인성의 매개효과가 발견되었다. 즉, 부모의 인성리더십 수준이 증가할수록 유아 인성은 증가하였으며 이는 자기조절능력을 향상시키고 문제행동을 감소시켰다. 본 연구는 부모 인성 리더십의 개념에 대해 실증적으로 검증했음은 물론 자녀의 인성과 행동적 발달을 위해 부모 인성 리더십의 역할이 중요하다는 것을 확인하였다.

부모의 인성지향적 지도가 자기조절능력, 문제행동에 미치는 영향과 유아 인성의 매개효과[5]

이 연구는 부모의 인성지향적 지도가 유아의 인성, 자기조절능력, 문제행동에 미치는 영향을 살펴보고자 한 것으로 서울시의 어린이집에 재원하고 있는 만 4~5세 유아의 부모 및 교사를 대상으로 설문조사를 실시하였다.

연구의 결과는 첫째, 어머니와 아버지의 인성지향적 지도는 유아의 자기조절능력에 정적인 영향을 미치고 있었다. 둘째, 어머니와 아버지의 인성지향적 지도 수준이 높을수록 유아의 문제행동은 감소하는 경향이 있었고 셋째, 부모의 인성지향적 지도가 유아의 자기조절능력에 미치는 영향에서 유아 인성의 매개효과가 발견되었다. 넷째, 유아 인성은 부모의 인성지향적 지도가 유아의 문제행동에 미치는 영향을 매개하고 있음이 확인되었다. 본 연구는 유아의 정서적·행동적 문제를 완화시키는 방안으로 부모 커뮤니케이션의 효과를 입증하였다는 데 의의가 있으며 제도적 차원에서 유아의 긍정적 발달을 위한 부모 커뮤니케이션 교육이 필요함을 제언한다.

어머니의 행복감 및 자아분화와 어머니-자녀 상호작용과의 관계[6]

이 연구는 만4~5세 자녀를 둔 어머니의 행복감 및 자아분화와 어머니-자녀 간 상호작용과의 상관관계를 분석하고, 어머니의 행복감 및 자아분화가 어머니-자녀 간 상호작용에 미치는 영향을 파악하려는 목적으로 수행되었다. 어머니와 자녀간의 상호작용에 대한 어머니의 행복감과 자아분화의 영향을 확인하기 위하여, 총 268명의 어머니들을 대상으로 관련 변인들에 대하여 질문지법을 사용하여 자료를 조사하였다.

분석 결과 어머니와 자녀간의 상호작용에 대하여 어머니의 자아분화 요인보다는 행복감이 더 큰 영향을 미치는 것으로 나타났다. 어머니의 행복감은 어머니-자녀 상호작용 중 훈육행동과 애정행동에 모두 정적인 영향을 미치는 것으로 나타나 어머니의 긍정적 정서가 높아지면 자녀와의 긍정적인 상호작용에 직접적인 영향을 주는 것이 확인되었다. 또한 어머니의 자아분화가 어머니와 자녀 간의 상호작용에 미치는 영향에 있어서는 행복감에 비해서 상대적으로 작은 영향력을 미치고 있었으나, 어머니가 자녀와 긍정적인 상호작용을 할 수 있도록 하기 위해서는 행복감과 더불어 자아분화 수준에 대한 고려도 필요한 것으로 판단된다.

지금까지 가정환경이나 부모의 영향이 어떻게 유아의 인성과 행동 발달에 기여하는지에 대해 살펴보았다. 이제 본격적으로 유아의 배려행동에 대해 영향을 미치는 여러 요인들을 가정환경 요인, 부모 요인, 유아 요인, 교사 요인 등으로 나누어 살펴보자.

유아기 아동의
배려행동 발달 영향요인 분석

유아기 아동의 배려행동은 사회적 관계 형성의 기초가 되고 민주시민으로 성장하기 위한 필수 덕목이며, 3-5세 연령별 누리과정에서도 핵심 인성 요소로 강조되고 있다. 여기서는 유아의 배려행동에 영향을 미치는 요인들을 가정환경, 유아 개인적 특성, 유아교육기관 측면에서 종합적으로 분석했다. 부모의 애정적 양육태도, 가족건강성, 유아의 기질과 정서지능, 교사의 공감능력과 같은 요인들이 유아 배려행동 발달에 중요한 영향을 미치는 것으로 나타났다. 특히 가족건강성이 가장 큰 인과관계를 가지며, 유아의 대인관계 형성능력과 교사-유아 상호작용의 질이 배려행동 증진에 핵심적인 요소로 확인되었다.

배려행동의 개념과 중요성

　배려행동은 상대방의 입장을 이해하고 타인의 어려움이나 필요에 응해 주는 협조적이며 타인지향적인 실천적 태도와 행동을 의미한다. 특히 배려는 자신을 아래로 내려놓고 다른 사람만을 존중하는 것이 아니라, 자신과 다른 사람 모두를 존중하는 것에서 시작하여 서로의 성장과 발전을 도모하는 것이다. 배려는 다른 사람들에게 관심을 가지고 다른 사람들의 이익을 중요하게 생각하면서 인간관계, 책임과 의무, 타인에 대한 관심, 동정, 사랑 등의 가치를 내포하는 개념이다.[29]

　배려행동이 실현되기 위해서는 배려하는 사람과 배려받는 사람 간의 상호의존성이 중요하므로, 유아가 배려행동을 배우고 실천하기 위해서는 서로의 생각과 감정을 존중하며 온정적 상호교류가 이루어져야 한다. 유아기에 배려행동을 발달시키는 것은 또래관계 형성과 사회적 적응을 위한 중요한 기초가 된다. 특히 배려하는 능력을 지닌 아동들은 그렇지 못한 아동들보다 친구를 더 쉽게 사귀고 더 나은 친구 관계를 형성할 수 있다.[30]

배려행동의 구성 요소

　김영하와 임진형의 유아 배려행동 측정 도구에서 유아 배려행동은 크게 네 가지 요소로 구성된다.[31] 첫째, '자기에 대한 배려행동'으로 자신을 소중히 여기고 돌보는 행동이다. 둘째, '친밀한 타인에 대한 배려행동'은 가족, 친구 등 가까운 사람들을 이해하고 돕는 행동을 의미한다. 셋째, '자연 및 환경에 대한 배려행동'은 자연과 환경을 소중히 여기고 보호하는 행동을 포함한다. 넷째, '다양성에 대한 존중'은 다양한 문화와 사람들의 차이를 인정하고 존중하는 태도를 의미한다.

이러한 배려행동의 구성 요소들은 유아가 자신과 타인, 환경, 그리고 다양성을 모두 인식하고 존중하는 포괄적인 배려 능력을 갖추도록 돕는 중요한 개념적 틀을 제공한다. 특히 유아기는 이러한 배려행동의 기초를 형성하는 중요한 시기로, 다양한 환경적, 개인적 요인의 영향을 받아 발달하게 된다. 다양한 영향요인들을 각 영역별로 나누어 자세히 살펴보자.

유아의 배려행동을 향상시키기 위한 '가정 환경'의 영향요인

(1) 가족건강성

① 개념 및 정의

가족은 한 개인의 삶에서 첫 번째 만나는 가장 중요한 환경이며, 최초의 사회이다. 가족 구성원들의 건강성(family strengths)은 가족 간에 긍정적 영향 및 부정적 영향을 주고받는 가장 중요한 환경이며, 개인의 삶에 많은 영향을 미친다. 최근 들어 우리 사회는 핵가족과 이혼율의 급증, 가족 간의 갈등 등으로 인해 가족 구성원들이 신체적·정신적인 고통 속에 살고 있다. 또한, 자녀 수의 감소로 이타심이 부족하고 조망수용능력이나 타인과 조화로운 상호작용의 어려움을 겪는 자녀들이 늘어나고 있는 현실이다. 이러한 상황은 가정이 해체되거나 사회적 불안정과도 직결되며, 사회의 건강성에도 부정적인 영향을 줄 수 있다.

반면, 가족 상호 간의 어려움을 겪는 가족이라도 가족 간의 신뢰와 정서적인 친밀감, 상호작용이 원만하게 이루어진 건강한 가족은 가족 간의 유대관계를 통해 불안정한 상황을 극복할 수 있으며, 어려운 상황 속에서도 가족 구성원의 건강성으로 인해 다른 가족원과 더불어 성장과 발달을 도모하게 된다. 더 나아가 사회에도 건강한 영향을 미칠 수 있는 것으로서 가족 건강성의 정도는 개인뿐만 아니라 사회 전반의 건강성에도 영향을 미칠 수 있다. 이처럼 '가족 건강성'이란 가족관계와 상호작용이 기능적이고, 그것을 통해 가족성원의 성장과 발전이 이루어지고 전체로서의 가족체계가 안정적으로 잘 유지되는 가족을 의미한다.[32]

가족은 개인이 건강하고 행복한 삶과 나아가 건강한 사회를 만들기 위해 건강한 가족은 무엇보다 필요하다. 이는 가족 건강성이 높을수록 유아의 사회성 발달과 정서적인 안정감과 소속감, 만족감을 갖게 되며 이에 따른 사회성 발달은 어떤 발달영역보다도 많은 영향을 미친다는 연구들[33-37]을 통해 어린 시절부터 가족 내 구성원들과 일상생활에서의 상호작용을 통하여 친밀한 유대감을 형성하며 그들의 행동을 관찰, 모방하여, 상대편의 반응을 통해 다른 사람과의 상호작용에 필요한 다양한 기술을 배우기 때문임을 알 수 있다. 인간의 건전한 성장을 위해서 건강한 가족이 필수적이고 인간의 사회성, 공동체성은 가족생활을 통하여 훈련되기 때문에[38], 가족 건강성은 긍정적인 측면을 가진 가족이 가지고 있는 잠재력과 강점을 찾아서 발전시키는 것이 위기 상황을 극복할 수 있는 능력과 힘을 키워 줄 수 있는 원동력이 된다고 할 수 있다.[39]

② **구성 요소**

가족 건강성을 연구한 학자들이 제시한 건강한 가족의 주요 특성은 다음과 같다.

학자	주요 구성 요소
Otto(1962)[40]	공유하고 있는 믿음이나 종교와 도덕적 가치들, 서로에 대한 신뢰, 공유하고 있는 가족 전통, 사람들을 좋아함
Stinnett & Sauer(1977)[41]	애정과 감사에 대한 표현, 가족원들이 함께 시간 보내기, 가족에 몰입(commitment)하는 정도와 책임감, 긍정적 의사소통 능력, 종교적 태도 및 지향, 문제나 위기에 대처하는 능력
Barnhill(1979)[42]	개별화, 명확한 인식, 명확한 의사소통, 유연성, 상호성(신뢰성), 명확한 역할공유, 안정성, 명확한 세대 간 경계
어은주, 유영주 (1995)[43]	가족원 간의 유대, 문제해결능력, 대화기술, 가족원 간의 가치체계공유
허봉렬(1996)[44]	사랑, 규율, 관용, 적응력, 자유로운 대화
지영숙, 이영호 (1998)[45]	가정환경 분위기, 부모자녀관계, 부부관계, 경제활동, 공동체생활, 친척, 형제자매 관계
최선희(1999)[32]	의사소통, 애정 또는 사랑, 자유성, 신뢰 및 지지, 경제적 안정과 신체적 건강, 문제해결능력, 유연성, 역할수행, 부모역할
유계숙(2004)[46]	헌신, 긍정적 의사소통, 정신적 안녕, 감사와 애정, 질적 시간공유, 스트레스 대처능력
유영주(2004b)[47]	가족원에 대한 존중, 유대의식, 감사와 애정, 긍정적인 의사소통, 가치관과 목표 공유, 역할충실, 문제해결능력, 경제적 안정, 사회와의 유대

가족건강성이란 가족원 간의 유대의식과 긍정적인 의사소통, 가족원이 함께 문제를 해결하는 능력, 그리고 가족의 가치관과 목표를 함께 공유하는 등의 전반적인 가족 기능을 의미하는데, 저자의 박사학위 연구에서 살펴본 결과 가족건강성은 유아의 배려행동 발달에 가장 큰 인과관계를 갖는 것으로 확인되었다.[48] 연구 결과, 가족건강성은 유아의 배려행동에 직접적인 영향을 미칠 뿐만 아니라 모자상호작용과 가정환경자극을 매개로 하여 간접적인 영향도 미치는 것으로 나타났다. 특히 가족건강성이 양호한 가정의 유아는 이를 바탕으로 타인과의 사회적 관계에서 유능하게 배려적인 행동을 잘 발휘하게 될 것임을 알 수 있다. 또한, 가족건강성이 유아의 자기조절력과 배려행동을 매개로 유아의 리더십에 직·간접적인 영향을 미친다는 연구도 있다.[49]

따라서 가족원 간의 유대의식과 긍정적인 의사소통, 가족원이 함께 문제를 해결하는 능력, 그리고 가족의 가치관과 목표를 함께 공유하는 등 가족의 전반적인 건강성을 높이기 위해서 노력하는 것이 유아의 배려행동 발달을 위해 매우 중요하다.

③ 측정 도구

가족 건강성의 측정은 유영주[47]가 개발한 가족건강성 측정 도구의 설문 문항을 사용하였다. 이 척도는 가족원 간의 유대의식 8문항, 가족원 간의 긍정적인 의사소통 7문항, 가족원의 문제해결수행능력 9문항, 가족의 가치관과 목표 공유 8문항 등 총 32문항으로 구성되어 있다. 유아 가정의 가족건강성을 평정하기 위해 사용된 설문 문항은 다음과 같으며, 평정자는 연구대상 유아의 어머니이다.

○ 가족건강성 검사 문항 (어머니 응답)

1. 우리 가족은 서로 잘 돕는다.
2. 우리 가족은 가족의 뿌리(전통과 가문)에 대한 긍지를 갖고 있다.
3. 우리 가족은 함께 좋은 시간을 많이 갖는다.
4. 우리 가족은 가족에 대한 소속감이 있다.
5. 우리 가족은 가족사(지난 시절)에 대해 이야기하는 것을 좋아한다.
6. 우리 가족은 함께 하는 활동(외식, 여가, 취미 등)을 즐긴다.
7. 우리 가족은 화목하다.
8. 대체로 우리는 가족에 대한 유대감을 갖고 있다.
9. 우리 가족은 열린 마음으로 이야기하는 것을 좋아한다.
10. 우리 가족은 여러 가지 이슈에 대해 논의하는 것을 좋아한다.
11. 우리는 서로에게 자신에 대해 설명할 기회를 준다.
12. 우리는 서로의 이야기를 주의 깊게 듣는다.
13. 우리 가족은 함께 대화하는 것을 즐긴다.
14. 우리는 서로를 무시하는 말을 하지 않는다.
15. 대체로 우리 가족의 의사소통은 효율적이다.
16. 우리 가족은 웃어른에 대해 존경하는 태도를 갖고 있다.
17. 우리 가족은 옳고 그른 것에 대해 대체로 일치한다.
18. 우리 가족은 인생관을 서로 공유한다.
19. 우리 가족만의 전통이 있다.
20. 우리 가족은 가족규칙을 가지고 있으며 잘 지킨다.
21. 우리는 공통 관심사가 많다.
22. 우리 가족은 삶에 대해 긍정적인 태도를 가지고 있다.
23. 대체로, 우리 가족은 삶의 목표와 가치관을 공유하고 있다.
24. 우리 가족은 어려운 문제를 해결하기 위해 함께 노력한다.
25. 위기는 우리 가족의 관계를 강하게 하는 데 도움을 준다.
26. 우리 가족은 어려움이 닥치더라도 크게 걱정하지 않는다.
27. 우리 가족은 일상의 문제들에 대해서 자신 있게 대응해 나갈 수 있다.
28. 우리 가족은 위기 상황에서도 좋은 일이 생길 수 있음을 알고 있다.
29. 우리 가족은 변화하는 환경에 적응하기 위해 우리의 계획을 바꿀 수 있다.
30. 우리 가족은 서로를 위해 어떠한 위험도 감수할 용기가 있다.
31. 어려운 일이 있을 때 가족에게 도움을 구할 수 있다.
32. 대체로, 우리는 위기를 성장의 기회로 본다.

(2) 어머니-자녀 상호작용

① 개념 및 정의

유아가 태어나 처음 만나는 사회적 관계인 가족 관계에서의 부모의 역할은 유아와 따뜻하고 긍정적인 관계를 통해 사회화 과정을 이끌고, 유아에게 타인과 주변 세계에 대한 신뢰감을 발달시켜 주며, 자신의 능력에 대한 감정 또한 긍정적으로 발달하도록 돕는 역할을 한다.[50]

심리사회학자인 Erikson은 유아의 발달이 사회적으로 고립된 상태에서 이루어지는 것이 아니라 양육의 일차적 책임이 있는 가족들과의 중요한 상호작용 속에서 이루어진다고 설명하였으며[51], 이때 형성된 부모-자녀의 관계는 최초의 대인 관계인 동시에 가장 밀접한 사회 관계이기 때문에, 유아의 사회·정서적 발달에 매우 중요한 영향을 미친다.

부모-자녀 상호작용은 부모와 자녀 간에 발생하는 역동을 의미하며, 부모와 자녀 간의 의사소통이나, 부모가 자녀에게 보여 주는 지지나 격려, 애정표현 등을 기반으로 하여 나타나는 포괄적 의미에서의 부모-자녀 간의 관계라고 볼 수 있다.[50] 특히 어머니와 자녀 간의 상호작용은 자녀의 신체, 인지, 언어, 사회, 정서의 발달 등 아동의 성장에 많은 영향을 미치는 것으로 알려져 있다.[51] 부모-자녀 간의 관계에 관한 최근 연구는 부모의 일방향적인 양육행동이 자녀에게 미치는 영향으로 보는 관점에서 벗어나, 자녀도 부모에게 상호적으로 영향을 주고받는 역동적인 관계로 인식되고 있다.

부모와 자녀의 관계는 비교적 단순하고 순수하며 애정적일 뿐만 아니라, 반복적이고 계속적인 관계이고, 자녀에게는 최초의 인간관계이므로 그 영향력이나 흡수력은 매우 강력해서 자녀가 부모와 맺는 관계는 인생에 있어서 가장 결정적인 관계가 된다. 최근에는 이러한 부모와 자녀 간의 관계를 단순히 부모의 양육행동이나 훈육행동이 부모로부터 일방적으로 주어지는 것이 아니라, 상호 발전론적 입장에서 상호자극을 주고받는 상호작용의 개념으로 설명하고 있다. 자녀의 특성(기질, 성격)과 반응이 부모의 양육 및 훈육행동에 다시 영향을 미치게 되므로 이를 상호작용의 차원으로 이해하려는 것이며, 부모는 자녀와의 상호작용을 통해서 부모로서의 역할을 강화 받게 되기도 한다.

어머니-자녀 상호작용은 자녀와 어머니의 풍부한 상호작용 관계 속에서 유아가 인격을 형성해 가고 타인과의 관계에서도 '기본신뢰'를 완성할 수 있도록 해 주는 밑거름이다. 또한, 발달심리학에서의 어머니-자녀 상호작용은 양육자인 어머니와 유아의 의사소통 어르기 등의 작용은 유아의 울음, 응시, 미소 등의 활동에 의해 촉진되며, 어머니는 그들 행동에 적응하고 응답적으로 상호 교섭적 관계를 발전시켜 간다. 이와 같은 행동 중에서 어린이의 사회적 행동이 발달하고, 언어발달, 사회화의 기초를 이룬다고 할 수 있다. 이 상호작용이 원활하게 발달하지 않는 모자관계가 왜곡, 정서, 적응에 문제를 일으키는 경우도 적지 않다.

이처럼 어머니-자녀 상호작용은 유아가 처음 만나는 사회적 관계의 일차적 대상인 어머니(母)와의 정서적, 반응적, 상호작용 속에서 유아의 지식의 습득과, 사회·정서의 발달이 이루어진다고 할 수 있다.

② 배려행동 발달 영향

어머니와 유아 간의 상호작용 방식은 유아의 배려행동 발달에 중요한 영향을 미친다.[48] 어머니와의 긍정적 상호작용이 유아의 배려행동 발달에 기여하며, 부정적 상호작용은 감소시켜야 한다. 모-자 상호작용이 긍정적으로 잘 이루어지고 양호한 질적 가정환경자극이 제공되는 가정의 유아가 배려행동을 더 잘 발휘한다는 것이 확인되었다.

긍정적인 모-자 상호작용은 유아에게 안정적인 정서 환경을 제공하고, 배려와 존중이 어떻게 실현되는지를 직접 경험할 수 있는 기회를 제공한다. 어머니가 유아의 의견을 존중하고, 유아의 감정에 민감하게 반응하며, 유아와의 대화에서 배려와 공감을 보여 줄 때, 유아는 이러한 행동을 내면화하여 자신의 사회적 상호작용에서도 배려행동을 발현할 수 있게 된다.

그러므로 어머니의 긍정적인 상호작용을 높이고 부정적인 상호작용을 줄일 수 있는 노력과 함께 가정의 물리적 환경과 심리적 환경을 모두 개선하기 위해 노력함으로써 유아의 배려행동을 길러 줄 수 있다는 인식을 가질 필요가 있다.

③ 측정 도구

어머니와 자녀와의 상호작용은 부모-자녀 상호작용 척도인 PCI(Parent-Child Interaction)를 주로 사용한다. 이 척도는 Hetherington과 Clingempeel[52]이 개발한 것을 국내에 도입한 것이다.[53]

이 척도는 훈육행동(Parent Discipline Behavior : PDB) 척도의 4개 하위요인과 애정표현(Expression of Affection : EAF) 척

도의 2개 하위요인으로 구성되어 있다. 저자의 연구에서는 부정적 훈육행동 2개 요인을 제외한 나머지 4개 하위요인으로 모자상호작용을 측정하였다. 각각의 하위요인들은 자녀의견 존중, 독립적 행동의 격려, 정서적 애정표현, 활동공유를 통한 애정표현으로 구성되어 있고, 평정자는 연구대상 유아의 어머니이다.

○ **어머니-자녀 상호작용 검사 문항 (어머니 응답)**

1.	말다툼 후에 사과를 했다.
2.	갈등이나 말다툼 시에 다소의 양보를 함으로써 타협을 하였다.
3.	아이와 관련된 중요한 결정을 내릴 때 함께 의논하였다.
4.	의견이 다를지라도 아이의 입장에서 아이의 말을 들어 주었다.
5.	아이의 말이 합리적으로 보이면 아이의 의견을 들은 후 벌을 주려고 하였다가도 마음을 바꾸었다.
6.	아이 스스로가 자신의 문제를 해결해야 한다는 입장을 고수하였다.
7.	아이의 의견이 다를지라도 아이의 생각을 이해한다고 말했다.
8.	아이에게 자신의 연령에 맞게 행동하기를 원한다고 말했다.
9.	아이가 따라야 할 규칙들이 왜 중요하며 왜 따라야 하는지를 설명해 주려고 노력하였다.
10.	아이가 무엇을 잘못했는지를 알게 하기 위해 노력했다.
11.	아이와 의견이 다를 때 아이의 생각을 물어보았다.
12.	아이로 하여금 어떤 방식으로 일을 할지를 선택할 수 있도록 격려하였다.
13.	아이가 어떻게 느끼는지를 이해하려고 애썼다.
14.	아이에게 무엇을 할지에 대한 선택의 기회를 주었다.
15.	아이와 의견이 다를지라도 아이의 생각을 존중해 주었다.
16.	시키지 않아도 스스로 알아서 숙제, 방 청소 등을 할 수 있도록 격려하였다.
17.	아이가 독립적으로 행동하도록 격려하였다.
18.	아이의 의견을 물었다.
19.	아이가 책임감을 지니도록 하였다.
20.	자녀와 함께 시간을 보냈다.
21.	안아 주기, 뽀뽀하기, 쓰다듬어 주기 등의 신체적인 애정표현을 하였다.

22.	게임이나 운동을 함께 했다.
23.	자녀의 활동이나 취미, 학교생활 등에 대해 10분 이상 이야기하였다.
24.	자녀와 함께 친구나 친척을 방문하였다.
25.	식구 중의 다른 사람을 위한 선물을 함께 준비했다.
26.	어떤 일에 대해 자녀와 함께 웃고 즐겼다.
27.	자녀와 함께 학교 과제를 했다.
28.	재미있는 이야기를 해 주거나 들었다.
29.	산책, 자전거 타기, 수영, 소풍, 등산, 조깅, 운동 등을 함께 했다.
30.	함께 모임에 가거나 파티를 열어 주었다.
31.	오리, 모형 등의 무엇인가를 함께 만들었다.
32.	함께 노래를 부르거나 악기를 연주하거나 음악을 들었다.
33.	함께 자연을 보러 갔다.
34.	자녀에게 칭찬을 해 주었다.
35.	외식, 영화, 박물관, 쇼핑 등을 함께 갔다.
36.	특별 간식과 같은 특별한 대우를 해 주었다.
37.	기대치 않은 선물이나 용돈 등의 특별한 것을 해 주었다.
38.	자녀에게 사랑한다고 말하였다.
39.	운동경기, 장기자랑, 놀이, 작품전 등에 자녀의 작품이나 솜씨를 보러 갔다.
40.	자녀가 걱정하는 문제에 대해 함께 이야기했다.
41.	자녀와 취미활동을 함께 하였다.

(3) 가정환경자극

① 개념 및 정의

가정환경 자극은 인간의 초기 경험과 발달 사이에 아동의 발달에 직·간접적인 영향을 미치는 중요한 변인이다. 유아가 초기에 경험하는 물리적인 가정환경 자극이 유아의 지적능력, 언어적 발달, 학업성취 및 동기화에 유의한 영향력이 있으며, 부모와 자녀 간의 심리적인 가정환경이 유아의 사회·정서적 기술에 영향이 있음을 알 수 있다.

가정환경자극은 유아의 발달에 영향을 미치는 물리적, 심리적 가정환경에 관한 것으로서, 학습도구, 학업적 자극, 반응성, 물리적 환경의 4개 하위요인으로 측정한다.

여기서 '학습도구'는 아동이 퍼즐 또는 숫자, 도형, 동물들을 배울수 있는 장난감들로서 학습향상에 도움을 주는 도구들에 관한 내용들이고, '학업적 자극'은 부모가 아동에게 색깔, 동요, 또는 숫자 개념등을 가르치기 위한 시도로서 부모의 직접적 관여와 직접적인 기술과지식의 습득 등에 관한 내용들이며, '반응성'은 아동의 행동이나 수행하는 과제에 대해 부모가 반응(예, 칭찬, 응답 등)하고 아동이 자신의감정을 표현하는 기술로서 부모와 아동 간의 상호작용 중에 관찰될 수있는 행동에 관한 내용들이며, '물리적 환경'은 가정 내부 및 외부 환경이 물리적으로 안전한지, 공간적으로 충분한지에 관한 내용들이며, '언어성 자극'은 한글, 공간 개념, 단어를 가르치고 박물관 방문 경험등에 관한 내용으로서 일상생활에서 상호적 의사소통을 시도할 수 있는 학습적 촉진을 말하며, '도구 다양성'은 적절한 도서 구비 상태와활동에 대한 내용들이다.

② 배려행동 발달 영향

저자의 연구에서 가정환경자극은 유아 배려행동과 정적 상관관계를보였고, 또한 가정환경자극은 유아의 배려행동에 직접적인 정적 영향을 미치는 것으로 나타나, 가정환경자극이 양호하게 제공되는 가정일수록 유아는 배려행동을 더 잘 하는 것으로 밝혀졌다.[48]

가정환경자극에 관한 다양한 연구들[54-58]을 통해서 가정환경자극이 아동의 발달에 직·간접적인 영향을 미치는 중요한 변인이며, 이는 유아가 초기에 경험하는 물리적인 가정환경 자극이 유아의 지적능력, 언어적 발달, 학업성취 및 동기화에 유의한 영향력이 있으며, 부모와 자녀 간의 심리적인 가정환경이 유아의 사회·정서적 기술에도 영향이 있다는 것을 알 수 있다.

가정에서 부모와 자녀 간의 반응적인 자극 환경이 아동의 언어발달 및 사회성 발달에 영향이 있음을 나타낸 연구 결과[59-60]를 통해서도 유아의 배려행동에서 요구하는 38가지 행동 특성들 중 상당수가 유아의 언어적 태도와 친사회적 태도에 기반해야 한다는 점을 고려할 때 이러한 연구의 결과는 유의미하게 해석될 수 있다.

따라서 가정환경으로부터의 질적 자극은 유아의 전반적인 발달뿐만 아니라 유아가 발휘하는 사회성과 또래관계, 그리고 타인에 대한 배려행동이 길러지는 데에 있어서도 매우 중요한 영향을 미치는 요인임을 확인할 수 있으며, 가정환경자극이 양호하게 제공되는 가정일수록 유아의 배려행동도 양호한 것과도 같은 맥락이다.

③ 측정 도구

본 연구에서는 Caldwell과 Bradley)[61]가 개발한 3~6세용 가정환경자극척도(EC-Home)를 김정미와 곽금주[60]가 한국 부모를 대상으로 타당화한 척도를 사용하였다. 한국판 EC-Home은 총 6개 요인 30문항으로 구성되어 있다. 여기서 '학습도구'는 아동이 퍼즐, 아동용 CD 또는 숫자, 도형, 동물들을 배울 수 있는 장난감들로서 학습

향상에 도움을 주는 도구들에 관한 내용들이고, '학업적 자극'은 부모가 아동에게 색깔, 동요, 또는 숫자 개념 등을 가르치기 위한 시도로서 부모의 직접적 관여와 직접적인 기술과 지식의 습득 등에 관한 내용들이며, '반응성'은 아동의 행동이나 수행하는 과제에 대해 부모가 반응(예, 칭찬, 응답 등)하고 아동이 자신의 감정을 표현하는 기술로서 부모와 아동 간의 상호작용 중에 관찰될 수 있는 행동에 관한 내용들이며, '물리적 환경'은 가정 내부 및 외부 환경이 물리적으로 안전한지, 공간적으로 충분한지에 관한 내용들이며, '언어성 자극'은 한글, 공간 개념, 단어를 가르치고 박물관 방문 경험 등에 관한 내용으로서 일상생활에서 상호적 의사소통을 시도할 수 있는 학습적 촉진을 말하며, '도구 다양성'은 적절한 도서 구비 상태와 활동에 대한 내용들이다. 평정자는 연구대상 유아의 어머니이다.

○ **가정환경자극 검사 문항 (어머니 응답)**

1.	퍼즐이 세 가지 이상 있다.
2.	아동용 테이프나 CD가 다섯 개 이상 있다.
3.	정교한 움직임을 요하는 장난감이나 놀이도구가 두 가지 이상 있다.
4.	숫자를 배울 수 있는 장난감이나 놀이도구가 있다.
5.	아동이 도형에 대해 배우도록 하고 있다.
6.	아동은 동물의 이름을 배울 수 있는 장난감이 있다.
7.	아동은 악기나 장난감 악기가 있다.
8.	아동은 2주에 한 번은 가족과 함께 외출한다.
9.	부모는 적극적으로 아동에게 말할 기회를 주고 이를 잘 들어 준다.
10.	아동에게 색깔을 가르친다.
11.	아동에게 쉬운 동요를 가르친다.
12.	아동에게 숫자를 가르친다.
13.	아침이나 점심 식사를 할 때 아동은 먹고 싶은 음식을 선택할 수 있다.

14.	방문 중에 부모는 아동이 하는 질문에 대답해 준다.
15.	방문 중에 부모는 아동에게 1회 이상 뽀뽀를 하거나 껴안아 준다.
16.	방문 중에 부모는 아동이 어떤 과제를 달성하도록 도와준다.
17.	부정적인 감정을 심하게 격분하지 않고 표현할 수 있다.
18.	부모는 이야기할 때 복잡한 문장구조와 어휘를 사용하는 편이다.
19.	살고 있는 건물은 안전하며 위험이 없어 보인다.
20.	집 밖의 놀이 환경은 안전해 보인다.
21.	주변 환경은 외관상으로 보기 좋은 편이다.
22.	주거 공간은 가족 한 사람당 약 3평 정도 이상이다.
23.	가구가 방의 크기에 비해 지나치게 많다.
24.	집은 잘 정돈되어 있으며 지저분하지 않다.
25.	아동에게 한글을 가르친다.
26.	아동에게 공간 개념을 가르친다. (예. 위-아래, 안팎, 대-소 등)
27.	일상생활에서 아동에서 단어를 읽을 수 있도록 가르친다.
28.	아동은 지난 일 년 동안 박물관에 간 적이 있다.
29.	아동용 도서가 10권 이상 있다.
30.	적어도 10권 이상의 책이 집 안, 눈에 띄는 곳에 배치되어 있다.

(4) 가족건강성, 모자상호작용, 가정환경자극과 유아 배려행동의 관계

그림6은 유아 배려행동에 영향을 미치는 가정환경 관련 변인들 간의 구조적 관계를 분석한 연구 모형이다. 가족건강성이 배려행동에 영향을 미치고, 모자상호작용과 가정환경자극을 매개로도 영향을 미치는 관계임을 나타낸다.[48]

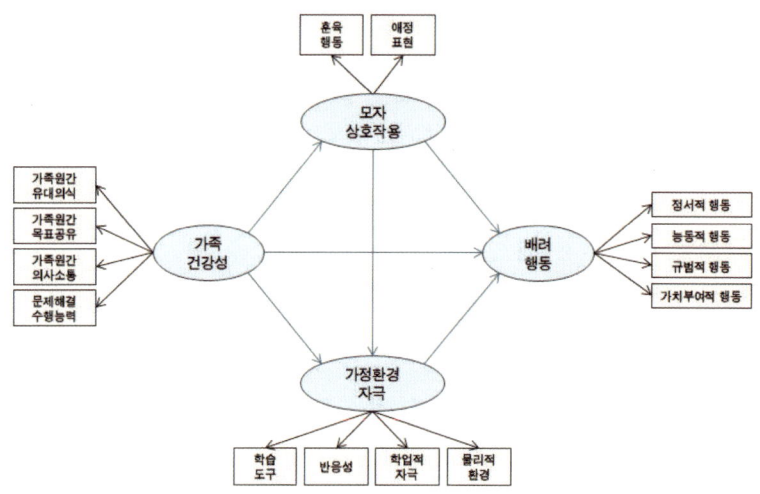

그림6. 배려행동 관련 변인들 간의 구조방정식 모형

유아 배려행동 측정은 다음 검사 문항으로 하였다.

○ 유아 배려행동 검사 문항 (교사 응답)

1.	또래들의 물건을 소중히 다룬다. (예: 또래가 만든 작품을 함부로 다루지 않기, 빌린 물건 잘 쓰고 갖다 주기, 교구 사용 후 제자리에 바르게 놓기)
2.	또래가 적절한 의견을 제시할 경우 이를 높이 인정한다. (예: 유아가 스스로 의견을 내는 경우)
3.	또래의 행동에 대해서 손뼉을 치거나 웃음으로 함께 즐거워하고 기뻐해 준다.
4.	또래와의 좋은 경험들을 이야기 나누기 시간이나 놀이 시 기억하거나 회상한다.
5.	또래와의 상호작용 시 상대방의 의견이나 행동에 깊이 감동하여 적극적이고 긍정적으로 표현한다. (예: '와', '그래', '맞아' 등)
6.	또래들의 의견이나 생각을 아끼고 소중히 여겨 조건 없이 언어적(비언어적)으로 인정해 준다. (예: 이야기 나누기 시간에 또래의 발표 내용에 대해 긍정적으로 수용하기)

7.	교구나 교재를 보호하고 간수하여 잘 보존한다. (예: 쓰고 남은 재료들을 함부로 버리지 않고 잘 담아두기, 찢어진 책을 직접 테이프로 붙이거나 교사에게 부탁하기)
8.	또래의 좋은 행동이나 말을 정확히 인식하여 이를 좋게 말해 준다. (예: '멋지다', '잘한다' 등)
9.	문제 상황을 해결하거나 필요한 사항에 대해 또래에게 수행하도록 언어적으로 표현한다. (예: '장난감 치워야지', '내 뒤(앞)에 잘 서')
10.	주어진 바를 적절하게 실천한다. (예: 정해진 당번 역할을 충실히 하기, 차례 지키기, 장난감 정리정돈)
11.	제시된 규칙을 준수한다. (예: 또래 때리지 않기, 어린이집 장난감을 집으로 가져가지 않기, 실내에서 뛰지 않고 걷기)
12.	상황에 적합하거나 적절한 행동을 한다. (예 : 상황에 맞게 작은 소리 또는 큰 소리로 말하기, 또래의 도움을 받았을 때 '고마워'라고 말하기, 쓰레기는 쓰레기통에 버리는 것, 식사 시간에 돌아다니며 먹지 않고 제자리에 앉아 식사하기)
13.	또래로 하여금 정해진 규칙 및 예의를 지키도록 말하여 또래가 행하도록 한다. (예: '우리 같이 하자', '내가 도와줄게'라는 말과 함께 실제 행하도록 함)
14.	자신의 권리와 목적하는 바를 이루기 위해 언어적으로 자신의 생각을 또래에게 강히게 표현한다. (예: 놀이 시 또래가 끼어들거나 방해할 때 '지금은 내가 하는 시간이야' 또는 '내 차례야', '방해하지 마'라고 말하기)
15.	또래들과 놀이 시(생활 속에서) 정해진 규칙 및 예의를 지켜 바람직하거나 긍정적인 결과가 이뤄지길 바란다. (예: '선생님, 우리는 줄 서야 되는 거죠', '00야, 우리 같이 놀기로 했잖아' 하는 경우)
16.	자신을 싫어하든 좋아하든 그 또래에게 관심을 갖고 긍정적인 관계를 유지하려는 태도를 보인다.
17.	모든 또래들을 아끼고 좋아하여 사이좋게 지낸다.
18.	동물이나 식물을 아끼고 돌본다.
19.	또래의 우수한 재능이나 태도를 높이 인정한다. (예: 창의적으로 만든 작품, 뛰어난 노래, 춤, 연주 등에 대해 높이 인정하는 것)
20.	다툼이 있는 또래들이 서로 양보하여 다툼을 그치고 원만하고 조속히 해결한다.
21.	친밀한 관계를 맺거나 유지하고 싶은 또래에게 미소를 보이거나 친절한 행동을 나타내며 접근하려는 시도를 한다.

22.	어려운 상황을 겪는 또래에게 힘을 북돋는 말(행동)을 한다. (예: 정해진 시간 안에 작업을 끝내지 못한 또래에게 '괜찮아, 내일 하면 돼', '어렵지 않아, 이렇게 하면 돼'라고 말(행동)하는 것)
23.	또래의 마음을 헤아려서 그 상황에 적절한 방법(말, 표정, 태도 등)으로 대한다. (예: 또래가 자신의 상황을 다른 또래에게나 교사에게 잘 전달하지 못할 때 대신 부연 설명하는 경우, 또래간의 싸움 상황을 보고 적절히 중재하는 경우, 화가 났거나 슬퍼하는 또래에게 조심스럽게 다가가는 경우)
24.	슬프거나 속상해하는 또래에게 다가가서 함께 슬퍼하고 위로한다. (예: '울지 마'라고 말하기, 토닥거려 주기)
25.	또래의 작품을 아끼고 돌본다. (예: 자유선택활동에서 만든 또래의 작품을 잘 챙기거나 보관하여 전시하기, 간직하여 집에 가져가도록 돕기)
26.	자신보다 약하거나 체구가 작은 또래에게 보호 본능에 의해 지속적으로 돌봐 주고 챙겨 준다. (예: 가방 들어 주기, 옷 입는 것 도와주기, 간식 챙겨 주기, 장애우 돌보기)
27.	상대의 감정이나 생각을 내면화하여 자신의 것으로 받아들임으로써 동질감을 갖는다. (예: '너랑 나랑 한 편이야', '우리는 같은 편이야')
28.	최상 또는 최선의 결과를 얻기 위하여 실수하지 않도록 조심하거나 몰두한다. (예: 또래와 함께 구조물 만들기 또는 가작화놀이(가상놀이)에 깊이 몰두하기)
29.	또래의 생각에 대해 장난삼아 가볍게 듣거나 행동하지 않고 진실성을 담아 이해하는 모습을 보인다.
30.	또래의 주어진 상황이나 행동을 보고 그와 관련하여 앞으로 발생 가능한 결과를 생각해 낸다. (예: '너 그렇게 하면 다쳐', '조심해, 엎지르면 옷이 젖잖아')
31.	또래들에게 먼저 놀이를 제안하고 놀이 내용이나 방법을 구성한다. (예: 게임 규칙 정하기, 역할 정하기)
32.	또래와의 놀이나 작업에 즐거워하며 열심히 참여 한다.
33.	또래들과 함께 있는 상황에서 필요한 요소를 찾고 적절한 선택이나 대안을 제시한다. (예: 규칙을 놀이상황에 적용하는 과정에서 나타나는 오류를 수정하거나 가르쳐주면서 문제해결을 잘 해 나가는 것)
34.	또래와 함께 처한 상황에서 벌어진 일이 이뤄질 수 있도록 참여하여 실천한다. (예: 규칙을 놀이상황에 적용하는 과정에서 나타나는 오류를 수정하거나 가르쳐 주면서 문제해결을 잘 해 나가는 것)

35.	또래관계나 자신의 주위환경을 적극적으로 보다 낫게 변화시킨다. (예: 또래에게 친근하게 접근하여 친구관계 형성하기, 협동하여 크고 멋진 구성물 만들기)
36.	또래가 문제를 해결하지 못하여 도움을 요청하거나 요청하지 않아도 참여하여 과제를 해결할 수 있도록 정보, 의견, 행동으로 도움을 준다.
37.	또래와의 놀이상황이나 주어진 상황에서 목적을 달성하기 위해 자신의 역할을 끝까지 충실히 해낸다.
38.	또래가 어렵거나 위태로운 상황에 처해 있음을 인식하고 이를 돕기 위해 노력한다. (예: 또래를 위해 교사나 도움을 줄 만한 또래에게 도움 요청하기)

연구를 위한 자료의 수집은 2012년 11월 20일부터 2013년 1월 18일까지 약 8주간 실시하였다. 조사 대상은 서울 및 경기도에 소재한 어린이집(12개소) 및 유치원(3개소)에 다니고 있는 만 4~5세 유아와 가정을 대상으로 840부의 설문지를 배부하였다. 기관 유형은 직장 어린이집 1개소, 민간 어린이집 1개소, 사립 유치원 3개소, 국공립 어린이집 10개소이며, 소재지는 서울 9개소 및 경기노 지역 6개소이다. 한 유치원에서 정원 30명의 4개 반(만4세 2개 반, 만5세 2개 반)을 선정하였고, 3개의 유치원에서 조사에 참여한 교사는 총 12명, 어머니는 총 360명이었다. 그리고 한 어린이집에서 정원 20명의 2개 반(만4세 1개 반, 만5세 1개 반)을 선정하였고, 12개의 어린이집에서 조사에 참여한 교사는 총 24명, 어머니는 총 480명이었다.

독립변인	직접영향 (직접효과)	간접영향 (간접효과)	전체영향 (총효과)	종속변인	설명분산 SMC(R^2)
가족건강성	.289***	.198*	.487***	배려행동	33.0%
모자상호작용	.227***	.064**	.290***		
가정환경자극	.191**		.191**		
가족건강성	.345***		.345***	모자상호작용	11.9%
가족건강성	.512***	.155*	.627***	가정환경자극	49.1%
모자상호작용	.333***		.333***		

*p<.05, **p<.01, ***p<.001

표에서 유아의 배려행동에 대한 여러 변인들의 직·간접적인 영향력을 합한 전체 영향력을 크기순으로 살펴보면, 가족건강성(.487), 모자상호작용(.290), 가정환경자극(.191) 순으로 나타났다. 따라서 유아의 배려행동이라는 종속변인에 미치는 전체 영향력의 정도는 독립변인인 가족건강성이 가장 크고, 다음으로 매개변인인 모자상호작용과 가정환경자극의 순으로 영향을 미치는 것으로 확인되었다.

또한, 표에서 변인 간의 설명력을 확인하기 위해 회귀분석에서 결정계수인 R^2 값과 유사한 개념인 다중상관제곱 SMC(squared multiple correlations)를 살펴보면, 잠재변인간의 직·간접적인 영향에 의해 각 잠재변인이 설명되는 정도를 살펴볼 수 있다. 이에 따라 연구모형에서 잠재변인 간의 직·간접적인 영향에 의해 각 잠재변인이 설명되는 정도를 살펴보면, 유아의 배려행동의 33.0%, 모자상호작용의 11.9%, 그리고 가정환경자극의 49.1%가 모형 내 다른 잠재변인들에 의해

각각 설명되었다.[48]

(5) 부모의 공감능력

부모의 공감능력은 유아의 공감능력과 배려행동에 영향을 미치는 구조적 관계가 확인된다. 공감이란 다른 사람의 감정을 이해하고 그 감정을 함께 느끼는 능력으로, 부모가 자녀의 감정과 필요에 민감하게 반응할 때 자녀는 타인의 감정과 필요에 대해 이해하고 배려하는 능력을 발달시킬 수 있다. 특히 어머니의 공감능력과 자율적 양육태도가 유아의 배려행동에 미치는 영향에 관한 연구에서는, 어머니의 공감능력이 높을수록 유아의 배려행동이 잘 발달하는 것으로 나타난다.[62] 이는 자녀의 감정을 이해하고 공감하는 부모의 태도가 자녀로 하여금 타인의 감정을 이해하고 배려하는 행동을 발달시키는 데 중요한 역할을 한다는 것을 의미한다.

공감능력이 높은 부모는 자녀의 정서를 존중하고 적절히 반응함으로써 자녀가 타인의 감정에 민감하게 반응하는 방법을 배울 수 있게 한다. 이러한 과정은 유아가 또래와의 관계에서도 타인의 감정을 인식하고 배려하는 행동을 발달시키는 데 기여한다.

(6) 부모의 양육태도

환경적 요인은 유아가 가장 많은 시간을 보내는 대상이자 공간이 포함된 개념으로[63] 부모의 양육태도가 자율적인지 통제적인지[64], 부모와의 애착관계가 안정적인지 불안정한지[65] 등에 따라 유아의 인지, 감정, 행동은 크게 달라진다. 즉 유아의 긍정적 성장의 촉진시키기 위한 부모 역할의 중요성을 언급하고 개선하는 데 연구의 목적을 둔다. 부모의 양육 관련 태도 및 행동은 어린이집이라는 가정 밖 환경에서의 행동 양상에 영향을 미치는데, 실제 선행 연구들에서는 부모의 역할이 유아의 사회성 및 어린이집 적응 등에 영향을 미치고 있음을 보고하고 있다.[66-67] 종합해 봤을 때, 가정은 1차적 사회화 기관으로 개인들은 가정을 통해 사회인으로서 갖추어야 할 주요 요소들을 학습하고 이는 유치원 또는 어린이집과 같은 사회 공동체 경험의 토대로 작용하여 유아의 인지, 감정, 행동에 관여한다.

부모의 양육태도는 유아의 배려행동 발달에 가장 직접적인 영향을 미치는 요인 중 하나이다. Baumrind[68]는 애정과 통제의 정도에 따라 부모의 양육 유형을 권위적, 독재적, 허용적, 방임적 유형으로 분류했는데, 이 중 애정적이고 자율적인 양육태도는 유아의 배려행동 발달에 긍정적 영향을 미치며, 권위적 양육유형(높은 애정과 적절한 통제)이 가장 효과적인 것으로 나타난다.[69] 권위적 양육유형은 부정적 의미로 사용되는 '권위주의적'인 것이 아님을 유의하자.

권위적 유형의 부모는 아이를 사랑하고 항상 대화하려는 자세를 갖추며, 아이를 존중하고 배려하면서도 일관적인 양육태도를 보인다. 이러한 부모 아래에서 자란 아이들은 애착을 단단하게 형성하고, 감정적으로 풍부하며 표현이 다양하고, 독립성과 주체성을 키울 수 있어 창의적으로 성장한다. 무엇보다 타인에게 적대감이 없고 외향적이며 사회적응력이 높은 아이로 자라나 자연스럽게 배려행동을 발달시킬 수 있다.

반면, 독재적 유형의 부모는 아이의 감정에 대해 소홀하게 생각하고, 엄격한 규칙을 강요하며 체벌을 사용하는 경향이 있다. 이런 환경에서 자란 아이들은 감정을 표출할 기회가 없이 무력감에 빠지게 되어 사회성이 부족하고 대인관계가 어려워질 수 있다. 따라서 유아의 배려행동을 증진시키기 위해서는 부모가 애정적이고 자율적인 양육태도를 가지는 것이 중요하다.

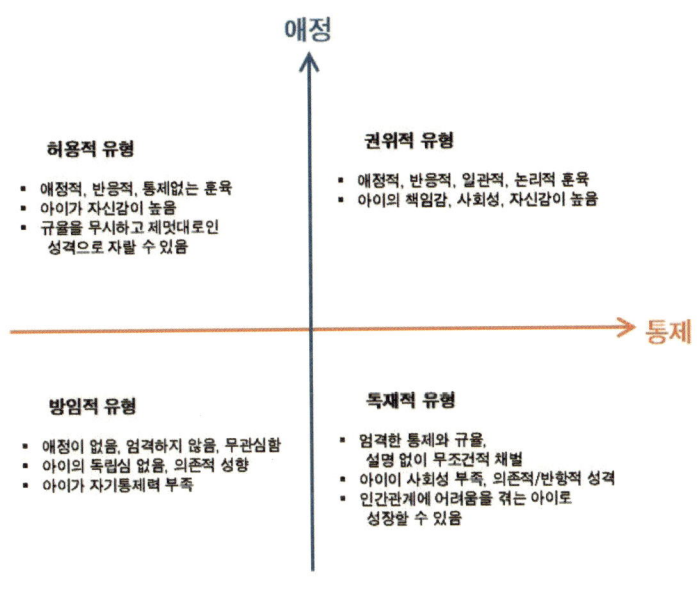

그림7. 부모의 양육태도 유형

① 애정적·수용적 양육태도와 배려행동의 증진
부모가 애정적이고 수용적인 태도를 보일수록 유아는 사회적, 정서적, 인지적 발달이 바람직하게 이루어지며, 특히 배려를 포함한 친사회적 행동이 활발하게 나타난다.[70-73] 어머니의 긍정적인 정서 표현은 유아의 긍정적 친사회적 행동(돕기, 협동, 배려 등)을 촉진하고, 부정적 정서 표현은 부정적 행동을 유발한다.[71] 부모가 자녀에게 통제를 적게 하고 의사결정의 기회를 많이 줄수록, 유아의 배려행동과 친사회적 행동이 증가한다. 특히 어머니의 놀이 중심 양육태도는 유아의 배려행동과 정적 상관이 있다.

② 권위적 · 일관된 양육태도의 효과

권위적(authoritative) 양육태도(높은 애정과 적절한 통제)는 유아의 정서적 안정과 사회적 적응, 배려행동 발달에 긍정적 영향을 미친다. 그리고 부모의 양육태도가 일치할수록, 특히 애정-자율 일치 집단의 유아가 사회적 능력과 배려행동이 높게 나타난다. 반면, 부모의 거부적 · 통제적 양육태도가 일치할 경우에는 자녀의 사회적 능력이 낮아진다.[72]

③ 양육태도의 부정적 변화와 배려행동 저하

부모의 과도한 통제, 거부, 무관심, 허용적(방임) 양육태도는 유아의 배려행동과 친사회적 행동을 저해하고, 문제행동(공격성, 위축 등)을 증가시킨다.[70,72] 허용적이거나 권위주의적인(통제적) 양육태도는 내재화 · 외현화 문제행동과 주의집중 문제를 유발하며, 배려행동의 발현을 방해할 수 있다.[72]

④ 부모 특성과 환경에 따른 변화

부모의 연령, 학력, 성격 등 개인적 특성, 가정환경(경제적, 문화적 배경 등), 그리고 자녀의 성별·기질에 따라 양육태도와 그 영향력은 달라질 수 있다.[70-72] 부모의 인성 특성이 긍정적일수록, 그리고 부모교육 프로그램을 통해 긍정적 정서 표현과 양육태도를 강화할수록 유아의 배려행동은 더욱 증진된다.[71]

요약하면, 부모가 애정적·수용적이고, 일관되며, 자율성을 존중하는 양육태도를 보일수록 유아의 배려행동은 크게 향상된다. 반대로 부모의 통제적·거부적·방임적 태도는 배려행동을 저해한다. 부모의 양육태도는 가정환경과 부모·자녀의 특성에 따라 변화할 수 있으며, 긍정적 양육태도와 일관성 있는 부모 역할이 유아의 배려행동을 꾸준히 높이는 핵심 요인이다.

(7) 어머니의 행복감

어머니의 행복감 유형에 따라 유아의 공감능력과 배려행동에 차이가 나타난다. 특히 어머니의 행복감 유형 중 '행복감 상위집단'과 '자율성 상위집단'의 자녀들이 공감능력과 배려행동이 더 높게 나타난다.

어머니의 행복감에 따른 유아의 공감능력과 배려행동의 차이를 분석한 연구에서는 어머니의 행복감이 높을수록 유아의 배려행동이 증가하는 경향을 보였다.[74] 이는 어머니의 심리적 웰빙이 자녀의 사회정서 발달에 중요한 영향을 미친다는 것을 의미한다. 어머니가 행복감을 느낄 때는 자녀와의 관계에서도 더 긍정적이고 수용적인 태도를 보이기 쉬우며, 이러한 긍정적 상호작용은 유아의 정서적 안정감과 배려행동 발달에 기여한다. 따라서 어머니의 정신 건강과 행복감을 증진시키는 것도 유아의 배려행동 발달을 위한 중요한 접근 방법이 될 수 있다.

(8) 형제관계

형제관계는 유아의 배려행동 발달에 중요한 영향을 미친다. 형제 간 상호작용을 통해 유아는 배려와 협력을 배우며, 형제관계의 질이 온정적일수록 배려행동이 증진된다. 특히 어린이기에 들어서면서 형제 간의 협력과 친밀성이 증가하며, 공동으로 노는 활동을 통해 우정이 형성되고 서로를 배려하고 돕는 경험을 얻게 된다.

형제관계에서는 적대감이나 경쟁심보다는 서로에 대한 애착과 놀이 상대로서의 친근감이 더욱 강하게 나타나는 경향이 있다. 이러한 형제 간 상호작용을 통해 유아는 협력, 공유, 양보, 갈등 해결 등의 사회적 기술을 자연스럽게 습득할 수 있으며, 이는 또래관계에서의 배려행동으로 확장된다.

연구에 따르면, 형제관계의 질이 온정적이고 친밀할수록 유아는 유능하고 지도적이며, 또래관계에서도 잘 돕고 인정하며, 또래와의 친밀성이 높게 나타난다. 형제 간 서로 친밀한 관계를 유지하고 이해할 때 다른 사람의 감정을 공감할 수 있는 능력이 더 발달함을 알 수 있다.[75]

유아의 배려행동에 관한 '유아 개인적 영향요인'

(1) 유아의 기질

유아의 기질은 타고난 행동양식으로, 유아의 행동, 식성, 주의 집중력, 감각에 대한 예민성, 기분 상태 등 아이의 성격과 성향을 설명하는 중요한 요소이다. 기질은 보통 세 가지 유형으로 분류하는데, 순한 기질의 유아(easy child), 까다로운 기질의 유아(difficult child), 느린 기질의 유아(slow-to-warm-up child)이다.[76]

순한 기질의 유아들은 차분하고 긍정적인 정서를 가지고 있으며, 새로운 경험에 개방적이고 적응적이며, 습관이 규칙적이고 예측 가능하다. 까다로운 기질의 유아들은 불규칙적인 행동과 새로운 자극에 부정적인 회피적 반응과 강렬한 반응을 보이며 적응성이 낮다. 느린 기질의 유아들은 새로운 상황에 대해서 처음에는 회피적인 반응을 보이다가 점차 느리게 적응하고, 자극에 대한 반응의 정도가 심하지 않고, 활동 수준도 낮거나 중간 정도이다. 그러나 모든 유아가 이 세 가지 기질 유형으로 뚜렷하게 분류되는 것은 아니고 한 유아가 여러 가지 기질의 다양하고 상이한 조합을 보일 수도 있으며, 이 세 가지 기질 유형 내에서도 각각의 유아가 보이는 기질 정도에는 차이가 나타날 수 있다.

송수경과 박애경은 이 세 가지 기질 유형에 따른 이타행동(간식 나누기, 교구 나누기 및 선물하기)의 차이를 연구했다.[77] 연구 결과, 순한 기질 유아의 이타행동이 가장 높게 나타났고, 그다음으로는 느린 기질의 유아가 높았고, 까다로운 기질의 유아는 이타행동을 가장 적게 하는 것으로 나타났다. 순한 기질의 유아가 사회 정서적 발달이 양호하고 사회적 놀이와 상호작용적 보완놀이를 더 많이 하는 것과 협동놀이, 연합놀이, 병행놀이를 많이 하는 것과 관련이 있다. 연령별로는 4세보다 5세가, 5세보다 6세가 더 이타행동 점수가 높게 나타났다.

유아의 기질은 배려행동 발달에 영향을 미치는 중요한 요인으로, 순한 기질의 유아는 공감능력과 배려성이 높으며, 자기조절이 뛰어나고 친사회적 행동 발달에 유리한 것으로 나타난다. 특히 배려형 기질의 아이는 사람들과 함께하고 싶어 하며, 함께하기 위해 타인을 즐겁게 해 주고 함께할 수 있는 일을 찾기 위해 모든 에너지를 쏟는다. 이러한 유아들은 타고난 감각으로 상황과 맥락을 읽어 내는 데 뛰어나며, 감수성, 공감, 배려, 사회적 센스 등이 자연스럽게 발달한다.[77]

반면, 까다로운 기질의 유아는 환경에 적응하는 데 더 많은 어려움을 느낄 수 있으며, 이로 인해 배려행동의 발달이 상대적으로 지연될 수 있다. 그러나 부모와 교사의 적절한 지원과 교육적 중재를 통해 기질적인 어려움을 극복하고 배려행동을 발달시킬 수 있다.[78] 따라서 유아의 기질을 이해하고 그에 맞는 접근법을 적용하는 것이 중요하다.

(2) 유아의 정서지능

정서지능은 자신과 타인의 감정을 인식하고 이해하며 조절하는 능력으로, 유아의 배려행동 발달에 중요한 요소이다. 공감교육 활동이 유아의 정서지능과 배려적 사고에 긍정적 영향을 미치며, 높은 정서

지능을 가진 유아일수록 타인의 감정을 잘 인식하고 배려행동을 더 많이 보인다.[79]

정서지능의 하위요소인 자기인식과 표현, 자기조절, 타인인식, 타인조절 능력은 모두 유아의 배려행동과 밀접한 관련이 있다. 특히 자기 감정을 잘 인식하고 상황에 적절히 표현하는 유아일수록 다른 사람의 감정상태를 잘 인식하고 이에 따른 배려행동을 한다는 것이 확인되었다.[80]

공감교육 활동을 통한 정서지능 향상이 배려적 사고의 발달로 이어진다는 연구 결과도 있다. 공감교육활동을 실시한 실험 집단이 비교집단보다 정서지능 전체와 하위변인인 자기인식과 표현, 자기조절, 타인인식, 타인조절에서 통계적으로 유의미한 향상을 보였으며, 배려적 사고의 규범적 사고, 정서적 사고, 행동적 사고에서도 유의미한 차이를 나타냈다.[79]

(3) 유아의 공감능력

유아의 공감능력과 배려적 행동은 밀접하게 관련되어 있다. 공감능력은 다른 사람의 감정을 이해하고 공유하는 능력을 의미하며, 이는 배려적 행동의 중요한 기초가 된다. 이는 다른 사람의 감정을 인식하고 그에 맞는 행동을 취하는 데 도움을 준다. 공감을 통해 유아는 다른 사람과의 감정적 연결을 형성하고, 이를 통해 배려적 행동이 자연스럽게 발전할 수 있다. 이러한 관계는 유아의 사회적, 정서적 발달에 중요한 영향을 미치며, 긍정적인 사회적 상호작용과 관계 형성에 기여한다.

정서적 공감과 인지적 공감이 모두 배려행동에 영향을 미치며, 특히 타인의 정서를 이해하고 공유하는 능력이 중요하다. 유아의 공감능력과 배려행동의 관계를 조사한 연구에서 배려행동 중 가치부여적 행동과 공감능력의 하위영역인 기쁨과 심적 부담이 정적 관련이 있는 것으로 나타났다.[29] 이는 유아가 타인의 기쁨을 함께 느끼고 타인의 고통에 심적 부담을 느끼는 공감능력이 배려행동, 특히 타인의 가치를 인정하고 존중하는 행동과 관련이 있음을 의미한다.

공감능력은 선천적으로 타고나는 부분도 있지만, 환경적 요인과 교육적 중재를 통해 발달시킬 수 있다. 부모와 교사가 유아의 감정을 존중하고 공감하는 모습을 보여 줌으로써 유아의 공감능력이 발달할 수 있으며, 이는 배려행동의 증가로 이어질 수 있다.

① 관점 이해와 배려

관점 이해: 공감능력은 다른 사람의 관점을 이해하는 데 도움을 준다. 이는 유아가 다른 사람의 입장에서 생각하고 행동할 수 있도록 하여 배려적 행동을 촉진한다.

배려적 행동의 발전: 관점 이해를 통해 유아는 다른 사람의 필요와 감정을 고려하여 행동할 수 있게 되며, 이는 배려적 행동의 발전으로 이어진다.

② 사회적 상호작용과 관계 형성

사회적 상호작용: 공감능력은 유아가 다른 사람과의 사회적 상호작용에서 긍정적인 관계를 형성하는 데 중요한 역할을 한다. 이는

배려적 행동을 통해 더 나은 사회적 관계를 구축하는 데 기여한다.

관계 강화: 유아가 다른 사람의 감정을 이해하고 배려하는 행동을 보일수록, 그와의 관계가 강화되고 긍정적인 사회적 상호작용이 증진된다.

③ 발달적 측면

발달적 기초: 공감능력은 유아의 사회적, 정서적 발달의 중요한 기초이다. 이는 배려적 행동과 같은 사회적 능력의 발달에 필수적인 요소로 작용한다.

지속적인 발전: 공감능력과 배려적 행동은 유아의 발달 과정에서 지속적으로 발전하며, 이는 장기적으로 긍정적인 사회적 관계와 행동을 형성하는 데 기여한다.

(4) 유아의 대인관계형성능력

유아의 대인관계형성능력은 타인과 적절한 관계를 맺고 유지할 수 있는 능력으로, 배려행동과 밀접한 관련이 있다. 사회적 반응성, 지시 따르기, 긍정적 상호작용 등의 대인관계형성능력이 배려행동 발달에 중요한 요소이다.

마지순의 연구에서는 유아의 배려행동과 대인관계형성능력 전체는 유의미한 관계가 있었으며, 특히 사회적 반응성과의 관계가 가장 높게 나타났다[64] 하위영역에서는 규범적 행동과 사회적반응성, 능동적 행동과 지시 따르기, 가치부여적행동과 긍정적 상호작용, 정서적행동과 사회적반응성이 가장 높은 정적 관계를 보였다.

배려행동과 대인관계형성능력이 긍정적 관계가 높게 나타난 연구결과는 배려행동이 친사회적 행동의 한 형태로서 타인을 이해하고 수용하며 타인의 성장과 가능성을 돕기 위해 헌신적이고 책임감 있게 돌보는 행위이므로, 타인을 배려하기 위해서는 대인관계에서의 민감성이 요구된다는 것을 보여준다.

이러한 결과는 유아의 배려행동 증진시키기 위한 프로그램 개발 시 사회적 반응성, 지시 따르기, 긍정적 상호작용을 증진시키는 내용을 포함하고, 관계형성능력과 불안의 요소를 줄이는 내용을 구성해야 함을 시사한다.

유아의 배려행동에 관한 '유아교육기관 영향요인'

(1) 교사의 영향

유아교사는 유아가 가정 외에서 많은 시간을 함께 보내는 중요한 성인으로, 교사의 특성은 유아의 배려행동 발달에 큰 영향을 준다. 유아교사의 공감능력과 긍정적 정서표현이 유아의 배려행동에 영향을 미치며, 교사의 배려행동이 유아에게 모델링된다.

교사의 영향에 관한 연구에서 유아교사의 공감능력과 정서표현성이 유아의 배려행동에 유의미한 정적 영향을 미치는 것으로 나타났다.[81] 유아교사가 타인에 대한 정서적 공감능력이 높을수록, 긍정적인 정서

표현을 많이 할수록 유아가 배려행동을 많이 하는 것을 의미한다. 또한, 공감하는 교사와 함께 생활하는 유아는 수용과 이해의 느낌을 통해 공감능력의 큰 성취를 이룰 가능성이 높다.[82] 유아교사의 공감능력은 유아의 전인적 성장 및 발달을 도모하며, 유아가 바람직한 인격형성을 이루게 함으로써 원만한 사회관계를 맺을 수 있도록 도와준다.

따라서 유아기에 중요한 배려행동을 잘 형성할 수 있도록 교사교육과 프로그램 개발이 필요하며, 교사 자신의 공감능력과 배려행동을 향상시키는 연수 프로그램이 제공되어야 한다.

(2) 교사-유아 상호작용

교사와 유아 간의 상호작용의 질은 유아의 배려행동 발달에 중요한 영향을 미칠 수 있다. 교사와의 상호작용의 질이 우수할 때 유아는 더 많은 친사회적 행동을 보인다. 최근에는 가정에서 부모와 상호작용하는 시간보다 유아교육기관에서 보내는 시간이 더 많은 만큼 교사와의 상호작용이 유아에게 미치는 영향은 크다고 할 수 있다.[82] 유아교사와 유아 간 친밀감이 높을수록 유아는 환경에 적응을 잘하며, 유아의 부적응 행동이 낮아진다. 반면, 교사와 유아의 갈등적인 관계 형성은 유아에게 심리적 불안감을 주고 문제행동을 유발할 수 있다.

교사와 유아의 긍정적인 상호작용은 유아가 교사의 배려행동을 모델링하는 기회를 제공하고, 교사가 유아의 감정을 존중하고 이해하는 과정에서 유아는 배려행동의 가치를 내면화할 수 있다. 특히 교사가 유아의 의견을 존중하고 개별적 관심을 기울이며 긍정적인 피드백을 제공하는 등의 양질의 상호작용은 유아의 배려행동 발달에 긍정적인 영향을 미친다.

(3) 또래관계

유아교육기관에서의 또래관계는 유아의 배려행동 발달에 중요한 영향을 미친다. 또래와의 상호작용을 통해 유아는 질서 지키기, 돕기, 협동하기 등의 친사회적 행동을 배우고, 양보와 배려를 경험한다. 타인을 이해하고 위로할 수 있는 아이들이 그렇지 못한 아이들보다 친구를 더 쉽게 사귀고 더 나은 친구가 된다.[30]

유아의 배려행동은 또래 놀이행동과 밀접한 관련이 있다. 특히 '친밀한 타인에 대한 배려', '다양성 존중', '자연 및 환경에 대한 배려'가 놀이방해 감소, 놀이 상호작용 증가, 놀이단절 감소에 유의미한 영향을 미친다.[83] 배려행동이 높은 유아는 또래와의 긍정적 상호작용이 많고, 놀이에서 협력과 양보, 감정이입을 잘 실천한다.

유아의 배려행동과 또래 놀이행동의 관계를 조사한 연구에서, 친밀한 타인에 대한 배려, 다양성 존중이 놀이방해 행동에 유의한 영향을 미치고, 친밀한 타인에 대한 배려, 자연 및 환경에 대한 배려 요인이 놀이 상호작용 행동에 유의한 영향을 미치는 것으로 나타났다. 또한 친밀한 타인에 대한 배려가 놀이단절 행동에 유의한 영향을 미치는 것으로 확인되었다.[83]

유아의 또래관계가 좋을수록 배려행동을 잘하는 것으로 나타나, 또래 간의 상호작용이 증가하면서 자기중심적 사고가 감소되고 친밀감이 높아져 타인과의 관계에서 서로를 존중하고 배려하는 수준도 높아진다.[29] 이는 배려행동이 또래관계의 질을 높이고, 긍정적인 또래관계 경험이 다시 배려행동을 강화하는 상호작용적 관계임을 시사한다.

(4) 유아교육 프로그램

유아교육기관에서 제공하는 교육 프로그램은 유아의 배려행동 발달에 직접적인 영향을 미친다. 실천 중심의 배려교육 프로그램이 유아의 또래관계, 유능성, 리더십에 긍정적 영향을 미치며, 공감교육 활동이 배려행동 증진에 효과적이다.

공감교육활동이 유아의 정서지능과 배려적 사고에 미치는 영향을 조사한 연구에서는, 9주 동안 공감교육활동을 실시한 실험 집단이 비교 집단에 비해 정서지능 전체와 하위변인인 자기인식과 표현, 자기조절, 타인인식, 타인조절에서 통계적으로 유의미한 향상을 보였다. 또한 배려적 사고에서도 규범적 사고, 정서적 사고, 행동적 사고 영역에서 유의미한 향상을 보였다.[84]

그림책, 동화책, 극놀이, 토의, 미술, 게임 등 다양한 활동을 포함한 인성·배려교육 프로그램이 유아의 배려행동, 자아존중감, 언어표현력, 공감능력, 대인문제해결능력 등 다양한 사회정서적 능력에 긍정적 영향을 미친다는 결과가 다수 보고되어 있다.[86-88] 특히 그림책을 활용한 활동은 유아가 타인의 감정과 상황을 이해하고, 자기중심적 사고에서 벗어나 사회적 기술을 습득하는 데 효과적이다.[88]

효과적인 배려교육 프로그램은 단순한 지식 전달이 아니라 실제 상황에서의 경험과 실천을 강조한다. 그림책 읽기, 동극 활동, 협력적 활동 등을 통해 유아의 사회적 반응성, 지시 따르기, 긍정적 상호작용을 증진시키고, 관계형성능력을 향상시키는 내용을 포함하는 것이 효과적이다.[29]

유아의 배려행동을 증진시키기 위한 프로그램을 개발할 때는 유아의 발달 수준과 특성을 고려하여 실제 생활에서 실천할 수 있는 활동 중심으로 구성하고, 지속적이고 체계적인 접근이 필요하다. 특히 실천 중심의 교육과 가정·교육기관의 협력이 핵심적임이 강조되어야 한다. 배려 중심의 유아인성교육 프로그램은 다음 4장에서 자세히 다룬다.

유아기 아동의
배려행동 발달을 위한 제언

유아기 아동의 배려행동 발달에 영향을 미치는 요인들을 가정환경 요인, 유아 개인적 요인, 유아교육기관 영향요인으로 구분하여 분석한 결과, 다음과 같은 결론 및 제언을 도출할 수 있다.

첫째, 가정환경 측면에서는 부모의 애정적이고 자율적인 양육태도, 부모의 공감능력, 가족건강성, 긍정적인 어머니-자녀 상호작용, 어머니의 행복감, 온정적인 형제관계 등이 유아의 배려행동 발달에 긍정적 영향을 미치는 것으로 나타났다. 특히 가족건강성이 유아 배려행동에 가장 큰 인과관계를 갖는 것으로 확인되었다. 따라서 부모교육 프로그램을 통해 부모의 양육태도와 공감능력 향상을 도모하고, 가정의 건강성과 긍정적인 상호작용을 증진시키기 위한 가족 지원 정책이 필요하다.

둘째, 유아 개인적 요인으로는 순한 기질, 높은 정서지능, 공감능력, 대인관계 형성능력 등이 배려행동 발달에 중요한 역할을 하는 것으로 나타났다. 그리고 유아의 자기조절력은 유아의 배려행동에 영향을 미치는 중요한 변인으로 확인되었다. 따라서 유아의 기질과 정서지능, 공감능력을 고려한 개별화된 교육 접근이 필요하며, 유아의 자기조절력을 향상시키는 방향의 사회적 관계 중심의 교육 패러다임 변화를 꾀해야 한다.

셋째, 유아교육기관 측면에서는 교사의 공감능력과 긍정적 정서표현, 양질의 교사-유아 상호작용, 긍정적인 또래관계 경험, 실천 중심의 배려교육 프로그램 등이 유아의 배려행동 증진에 효과적인 것으로 나타났다. 유아교사가 타인에 대한 정서적 공감능력이 높을수록, 긍정적인 정서표현을 많이 할수록 유아가 배려행동을 많이 하는 것으로 확인되었다. 따라서 유아교육기관에서는 교사의 공감능력과 배려행동을 증진시키기 위한 교사교육이 필요하며, 실천 중심의 유아 배려교육 프로그램을 개발하고 적용해야 한다.

이러한 연구 결과를 종합해 볼 때, 유아의 배려행동을 효과적으로 증진시키기 위해서는 가정환경, 유아 개인적 특성, 유아교육기관의 요인들을 통합적으로 고려한 접근이 필요하다. 배려행동은 단기간에 형성되는 것이 아니라 다양한 경험과 상호작용을 통해 장기적으로 발달하는 것이므로, 부모와 교사가 협력하여 일관된 교육적 지원을 제공하는 것이 중요하다. 특히 유아의 발달 수준과 개인차를 고려한 맞

춤형 접근과 함께, 실제적인 경험과 실천 기회를 제공하는 교육 프로그램의 개발과 적용이 이루어져야 할 것이다.

유아기 아동의 배려행동 발달을 위해서는 아동 자신뿐 아니라 부모와 교사를 포함하여 아동 발달의 주체 모두의 배려적 자세의 함양을 위한 노력이 선행되어야 하고 아동과의 상호작용을 보다 온정적이고 배려를 실천하는 자세로 임할 필요가 있다는 점을 강조하고 싶다. 즉 아동과 부모와 교사가 모두 배려적 행동을 실천하고 선순환의 영향을 주고받는 아름다운 모습을 만들어 갔으면 좋겠다. 다음 장에서는 유아 교육기관에서 실천할 수 있는 다양한 배려 중심의 인성교육프로그램을 소개한다.

4장

배려행동 기르기

4H 통합
인성 교육

교육현장에서의 오랜 경험과 다양한 학술 연구를 통해서 영유아 인성교육의 철학을 〈4H 통합인성교육〉으로 개념화하여 이를 활용하고 있다. 영유아 교육기관에서의 통합적인 인성교육은 교육의 세 주체인 영유아, 부모, 보육교직원이 삼위 일체가 되어야 한다.

〈그림8〉에는 이러한 개념이 담겨 있다. 중심에 있는 4H 인성의 개념은 인간성(Humanity)과 건강한 몸과 마음(Health), 그리고 자신과 타인에 대한 따듯한 애정의 마음(Heart)을 갖추어 감으로써 궁극적으로는 해피플로리시(Happy Flourish)의 상태(행복이 융성한 상태)를 지속가능하도록 하는 데에 그 목표가 있다.

영유아 인성교육은 실천 중심, 체험활동 중심으로 하여 일상 생활에서 체화되도록 꾸준히 노력해야 하고, 보육교직원에게도 영유아 인성교육 제공자로의 역할뿐 아니라 교사 자신의 인성 함양을 위한 노력이 반드시 필요하고, 부모에게도 영유아 인성교육에 대한 이해와 가정과 연계된 인성교육의 방법들을 제시함으로써 교육의 세 주체가 다 함께 통합적인 인성교육의 실천자가 되자는 의미이다.

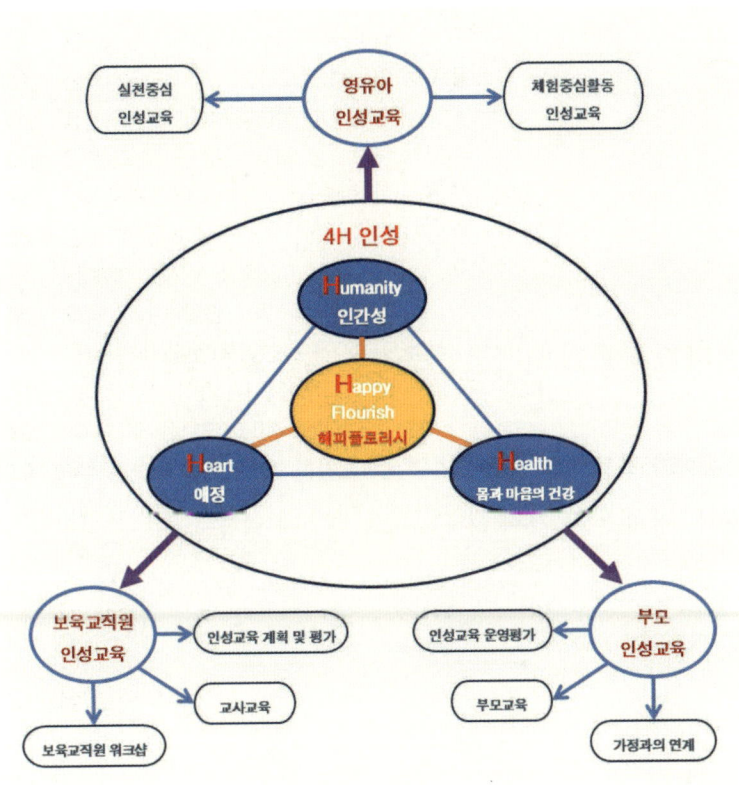

그림8. <4H 통합인성교육>의 개념

유아기
배려행동 증진 방안

유아기 아동의 배려행동 증진을 위한 효과적인 방법

　유아기 아동의 배려심을 키워 주기 위한 효과적인 방법은 무엇이 있을까. 앞의 3장에서 배려적 사고와 행동에 영향을 미치는 다양한 요인들을 살펴본 것에 더하여 보다 구체적으로 배려심을 키워 줄 수 있는 방법들을 알아보자.

공감능력과 감정 읽기 훈련	아이가 자신과 타인의 감정을 자주 읽고 표현해야 하며, "기분이 어때?", "친구는 어떤 느낌일까?"처럼 질문을 자주 활용하면 타인의 욕구를 이해하는 습관이 형성된다.[1-3] 다양한 감정 표현 언어의 사용은 타인의 감정 이해와 공감능력을 향상시킨다.[2,3]
경청과 존중의 실천	어른이 아이의 말을 끝까지 들어주고 귀 기울이면 아이는 경청과 존중의 태도를 모방하게 된다.[2,4] 실수를 했을 때 행동만 짚고 인격 비난은 피하는 것이 바람직하다.[4,5]
명확한 행동 지침과 도덕성 교육	배려가 어떤 행동인지 명확히 알려주고, 도덕성 교육 및 인성 교육을 실시해야 배려심의 토대가 형성된다.[5]

역할놀이와 소집단 협동 활동	역할놀이에서 다양한 입장을 체험하고, 소집단 협동 활동(요리, 미술, 공동 놀이 등)을 통해 직접적으로 타인을 도우며 나누는 경험을 제공한다.[6-8]
칭찬과 격려 등 긍정적 강화	배려행동이 나오면 구체적으로 칭찬해 행동의 의미를 짚어주면 동기가 강화된다.[9-11]
적절한 한계 설정과 자기 조절력 지도	명확하게 "안 되는 것은 안 된다"라고 알려 주고, 좌절도 경험하며 자기 통제력을 기를 수 있도록 도와야 한다.[1, 11, 12]
우정 증진 및 긍정 적 또래 관계 지원	좋은 친구관계를 맺고, 또래와 상호작용과 신뢰, 소속감을 경험할 수 있는 환경 제공이 중요하다.[7, 13, 14]
인성교육 프로그램 활용	체계적인 인성 및 배려교육 프로그램을 유치원, 어린이집 등에서 실시하여 배려가 습관으로 자리 잡도록 한다.[5, 6]

유아의 배려심을 자연스럽게 키우는 가장 효과적인 방법은 부모가 실생활에서 솔선수범으로 보여 주는 배려의 모습과 신뢰적 애착형성이 가장 큰 영향력을 갖는다.[2, 6] 가족이나 친구를 일상에서 돕게 하고 고마움을 표현하게 하여 직접 배려행동을 경험하도록 돕는 것도 좋다.[3, 9]

감정 카드를 사용하거나 감정을 나누는 대화를 통해, "만약 네가 친구라면 어떨까?"와 같은 질문으로 공감력을 키워 준다거나[1-3] 동물·식물 돌보기, 역할놀이, 감사·칭찬 카드 만들기 등 놀이를 통한 자연스러운 배려경험이 매우 효과적이다.[8, 15, 16] 갈등 상황에서는 상대 입장도 함께 생각하게 하도록 대화해 주는 것이 매우 중요하다.[2-3] 여러 효과적인 방법들에 대해 좀 더 자세히 살펴보자.

역할놀이

역할놀이가 유아의 배려행동 증진에 어떻게 도움을 줄 수 있을까. 역할놀이는 유아의 배려행동 증진에 매우 효과적인 도구이다. 역할놀이는 유아가 '나'에서 벗어나 '타인의 입장'에 서 보고, 그 마음을 느끼며, 자연스럽게 배려해야 함을 체득하게 하는 최고의 놀이이며, 실생활에서 필요한 배려행동을 경험적으로 학습할 수 있게 도와준다.[17, 18] 역할놀이에서 구체적인 도움 방식을 살펴보자.

타인의 입장과 감정 이해	역할놀이에서 아이는 엄마, 의사, 선생님, 환자 등 다양한 인물의 역할을 맡게 된다. 이 과정에서 그 인물의 감정과 입장을 자연스럽게 경험하며, 상대방이 어떻게 느끼는지 공감하는 능력이 크게 자란다. 예를 들어, 의사놀이에서 "환자가 아픈데 도와줘야 해" 같은 상황을 경험하며, 타인에게 필요한 배려를 실제로 연습할 수 있다.[17, 18]
협동과 타협, 사회적 규범 학습	또래와 함께 역할놀이를 할 때는 역할을 분담하고, 서로 협력하거나 타협해야만 놀이가 원활하게 진행된다. 이 과정에서 다른 아이의 입장을 존중하고, 나누기, 순서 지키기, 양보하기 등 실질적인 배려행동이 습관처럼 학습될 수 있다.[17, 18]
갈등 해결 및 도덕성 발달	놀이 중에는 자연스럽게 갈등이 생기기도 하는데 이때 용서하기, 위로하기, 돕기 등 갈등 해결 방법이 필요하다. 유아는 놀이 상황에서 의견 충돌을 해결하면서 상대를 배려하는 다양한 방법(양보, 이해, 친절 등)을 직접 연습하게 된다.[17]
긍정적 피드백과 자아성장 경험	역할놀이에서 배려행동을 했을 때 또래나 부모로부터 긍정적인 피드백을 받게 되면, 그 행동이 강화되어 자주 실천하려고 하게 된다. 이는 자신감과 자존감, 도덕성 형성에도 매우 긍정적 영향을 미친다.[18]
부모 및 교사의 시범과 중재	부모나 교사가 역할놀이에 참여해 타인을 존중하는 모습을 보여주고, 놀이 속에서 "친구는 어떤 기분일까?"와 같은 질문을 던져줄 때 아이들의 배려행동은 더욱 자극받고 확장될 수 있다.[17, 18]

부모와 교사가 함께 실천할 수 있는 구체적 배려교육 전략

배려교육은 가정과 교육기관에서 하나의 목표로 이어질 때 시너지가 커진다. 부모와 교사가 서로 신뢰와 소통으로 동반자가 되어 실천할 때, 유아의 배려심과 사회성은 자연스럽게 성장한다.[19-21] 부모와 교사가 함께 실천할 수 있는 구체적인 배려교육 전략들은 다음과 같다.

일상 속 본보기와 모델링	**• 부모와 교사 모두가 배려행동을 일상적으로 실천** 실제 상황(식사, 놀이, 갈등 상황 등)에서 아이 앞에서 서로를 존중하고 돕는 모습을 보여 주면 아이는 자연스럽게 그 행동을 모방하게 된다.[19] **• 배려의 언어 사용** "고마워", "미안해", "어떻게 느꼈을까?" 등 감정과 공감을 드러내는 언어를 자주 활용하기.
감정 이해와 공감 훈련	**• 감정 읽기와 대화의 시간 마련** 부모와 교사는 아이와 함께 하루의 감정을 나누며, "오늘 기분이 어땠어?", "친구가 속상해한 이유는 뭘까?"를 묻는 시간을 자주 가진다.[19, 20] **• 킵징 카드·이야기책 등 교육자료 활용** 감정 표현 카드, 배려 관련 동화책 등 다양한 도구로 감정 이해와 공감 능력을 확장한다.
협력적 소통과 상담	**• 가정-어린이집/유치원의 연계 활동 기획** '배려 실천 일기', 감사 편지쓰기, 나누기 프로젝트 등 가정과 기관에서 연속적으로 이어지는 활동을 정기적으로 실시한다. **• 상시 상담과 피드백** 부모와 교사는 배려교육의 목표, 진행 상황, 아이의 성장 포인트를 서로 공유하며, 상담 시 서로의 입장을 존중하는 자세와 솔직한 피드백을 나눈다.[19, 21]
놀이와 공동 경험 중심 프로그램	**• 역할놀이·협동놀이 장려** 둘이서 역할을 나누거나 팀을 이루는 놀이를 공동으로 기획, 아이가 또래 및 어른과 배려행동을 자연스럽게 체험할 수 있도록 지원한다. **• 가족 참여 프로그램** 공동 요리, 정원 가꾸기, 기부 활동 등 부모와 교사가 함께 준비하고 참여할 수 있는 공동활동을 통해 실생활에서의 배려를 경험하게 한다.

긍정적 강화와 인정	• 배려행동 발견 시 구체적으로 칭찬 "네가 친구에게 장난감을 양보해 줬구나. 친구가 기뻤을 것 같아!"처럼 구체적으로 칭찬하며 그 의미를 짚어 준다. • 아이뿐 아니라 부모와 교사도 서로 칭찬하기 성장하는 모습을 아이뿐 아니라 동료 어른에게도 적극적으로 인정함으 로써 전체 환경이 따뜻해진다.

다음은 효과적인 실천을 위해서 일상 속 모델링, 감정 공유, 공동 활동, 긍정적 피드백 전략에 대하여 부모와 교사의 역할을 구체적으로 정리한 것이다.

전략	부모 역할 예시	교사 역할 예시
일상 속 모델링	가족끼리 배려 상황 연출 및 대화	서로 협력하고 존중하는 교사 모습 보이기
감정 공유	감정 일기, 공감 놀이	감정 카드, 상황극 활용
공동 활동	가정-기관 연계 프로그램 참여	협력활동 안내, 피드백 제공
긍정적 피드백	배려행동 칭찬	아이·부모 모두 칭찬하며 격려

아이가 배려심을 자연스럽게 배우도록 돕는 부모의 역할

부모가 애착·관심·본보기·경계·경험 제공을 일관성 있게 실천하면, 아이는 배려심을 자연스럽고 깊게 익혀 나갈 수 있다. 아이가 따뜻함과 배려를 경험할수록, 그것이 곧 타인에게 실천되는 삶의 태도가 형성된다. 아이가 배려심을 자연스럽게 배우도록 돕는 부모의 역할은 다음과 같이 구체적으로 정리할 수 있다.

사랑과 애착 형성	부모가 아이를 꾸준히 사랑하고, 정서적·신체적 요구에 귀 기울이며, 진심 어린 관심과 애정을 표현하면 아이는 부모와 건강한 애착을 형성한다. 이런 안전한 애착 관계 속에서 아이는 타인을 어떻게 배려하는지 배우게 된다.
생활 속 본보기 (모델링)	부모가 직접 주변 사람을 배려하고, 정직하게 행동하며, 갈등을 평화롭게 해결하고, 자신의 실수도 인정하는 모습을 보여 주는 것이 중요하다. 아이는 부모의 언행을 모방하며 자연스럽게 도덕적 가치와 배려행동을 익힌다.[22]
배려와 감정 표현 강조	아이에게 배려가 중요하다는 메시지를 반복적으로 전달한다. "행복과 친절, 두 가지 모두 소중해"라고 구체적으로 이야기하고, 타인에 대한 이해와 감사를 실천할 기회를 자주 만들어 준다. 식사 시간 감사 표현, 가족 내 역할 나누기는 효과적인 방법이다.
경계 설정과 책임감 부여	명확한 규칙과 한계를 사랑의 방식으로 전달하고, 집안일이나 동생 돌보기 등 일상에서 책임감을 갖고 돕게 한다. 부모는 친절과 배려가 일상에서 자연스럽게 실천되어야 함을 기대하고 지도해야 한다.
감사와 배려 실천의 장 마련	부모가 아이와 함께 봉사하거나, 친구 돕기 등 배려를 직접 실천할 수 있는 경험을 마련한다. 감사 표현과 배려행동을 반복하면 점차 아이의 성향이 된다.
상호 존중과 민주적 가족 문화	아이의 의견을 존중하고 대화에 참여하도록 유도한다. 문제 해결이나 가족 행사에 아이가 주체적으로 참여하게 하면 건강한 책임감과 사회성을 얻고, 타인을 고려하는 힘이 길러진다.
성장 단계에 맞는 역할	나이에 따라 부모의 역할도 달라져야 하며, 유아기에는 특히 아이의 신체적·정서적·인지적 욕구에 고루 관심을 기울여야 한다. 필요하다면 전문가나 주변의 도움도 활용하자.

배려심 있는 아이로 키우기 위해 부모가 피해야 할 양육태도

앞에서 부모의 양육태도 유형별로 아이의 발달에 어떤 영향을 미치는지 살펴보았는데, 부모가 스스로 공감, 존중, 긍정적 양육을 일상에서 실천하고, 비난이나 폭력적·비일관적인 태도를 피해야 아이가 자연스럽게 배려심을 배우고 실천하는 사람으로 성장할 수 있다.[23-25] 배려심 있는 아이로 키우기 위해 부모가 피해야 할 양육태도는 다음과 같다.

체벌, 폭언, 비난 등 폭력적이고 부정적인 양육 방식	아이를 때리거나 소리를 치는 등 폭력적이고 통제적인 훈육은 아이가 공감과 배려가 아니라 두려움, 반항심, 위축을 학습하게 만든다. 실수를 했을 때도 아이가 안전하게 성장하고 생활 기술을 익힐 수 있도록 비난이나 폭력 없이 지도해야 한다.[23]
감정과 입장을 무시하는 태도	아이의 관점이나 감정을 인정하지 않고 부모의 뜻만 강요하거나, 의견을 묵살하면서 일방적으로 훈육하는 것도 피해야 한다. 이런 태도는 아이의 자기표현력과 공감능력, 자존감을 떨어뜨리며, 타인을 배려할 수 있는 힘을 키울 기회를 차단한다.[23]
일관성 없는 규칙과 과도한 간섭, 과잉보호	규칙이 자주 바뀌거나, 부모의 감정에 따라 기준이 달라지는 경우 아이는 옳고 그름, 배려의 기준을 혼란스럽게 받아들인다. 또한, 아이가 할 수 있는 일까지 무조건 보호하거나 간섭하면, 배려심과 책임감을 키울 기회를 놓칠 수 있다.[24]
결점만 지적하고 긍정 행동은 간과하는 태도	잘못에만 초점을 맞춰 자주 지적하면 아이는 자신감이 떨어지고, 타인을 칭찬하거나 긍정적으로 대하는 법을 배우기 어렵다. 잘한 점을 발견했을 때 구체적으로 칭찬하고, 긍정적인 행동을 강화해야 아이도 타인을 격려하고 배려하게 된다.[24]
타인과 비교하거나 지나친 기대를 강요하는 태도	아이를 남과 비교하거나, 나이와 발달 수준에 맞지 않는 과도한 기대를 갖고 불만을 표하면 아이는 좌절감, 불안, 경쟁심만 배우게 된다. 이는 본질적인 배려심, 협동심 발달을 방해한다.
부모의 감정 기복에 따라 양육 패턴이 바뀌는 경우	부모의 감정이 불안정하거나 스트레스 상태에서 아이를 대하면, 아이도 감정을 안정적으로 다루는 법과 타인을 배려하는 태도를 배우기 어렵다. 부모가 자기 관리에 신경 쓰는 것도 중요하다.[24]
공감, 도덕적 원칙, 배려의 메시지가 없는 양육	"행복만 중요하다", "공부가 우선이다"와 같이 배려의 가치를 별도로 강조하지 않고, 결과나 성취만 중시하는 태도 역시 아이의 배려심을 키우는 데 장애가 된다.[25]

문제행동 대신 바람직한 행동을 유도하는 효과적인 전략

유아의 문제행동을 줄이고 바람직한 행동을 자연스럽게 유도하기 위해서는 다음과 같은 전략들이 효과적이며 부모와 교사가 모두 실천해야 한다.

긍정적 강화	• **특정 행동에 대해 즉각적이고 구체적으로 칭찬하기** "좋은 일이야!"보다는 "친구에게 장난감을 양보해 줘서 고마워"처럼 구체적으로 칭찬한다.[26-28] • **다양한 강화 방법 사용** 언어적 칭찬, 하이 파이브, 스티커, 추가 놀이 시간 등 아이가 선호하는 방식으로 긍정적 행동을 보상한다.[26, 29] • **즉시 강화** 바람직한 행동이 일어났을 때 곧바로 칭찬과 격려가 따라야 효과가 높아진다.[26]
바람직한 행동 가르치기	• **대체 행동 구체적으로 지도** 예를 들이, 때리거나 소리 지르는 데신 "말로 필요를 표현해 볼까?"와 같이 올바른 대안을 직접 가르친다.[30] • **역할놀이·모델링을 통한 연습** 상황극, 억할놀이 등을 통해 사회적으로 바람직한 행동(순서 지키기, 기다리기, 감사 표현하기 등)을 반복적으로 연습할 기회를 제공한다.[29, 30]
명확한 규칙과 일관된 환경 조성	• **규칙은 간단하고 명확하게** "공간에서는 뛰지 않고 걸어요" 등 긍정적 문장으로 규칙을 만든다. • **일관성 있는 지도** 부모와 교사 모두 같은 기준과 반응을 유지해야 아이가 혼란스럽지 않고 규칙을 잘 익힌다.[29, 31] • **시각적 도구 활용** 일정표, 그림 카드, 차트 등 시각적 도구를 활용하면 규칙 습득이 더 쉬워진다.[29-31]

부적절한 행동에 대한 대응	**• 경미한 문제행동은 적극적 무시와 긍정 행동 주목** 위험하지 않은 문제행동(떼쓰기 등)은 즉시 반응하지 않고, 바람직한 변화 행동이 나왔을 때 바로 주목과 칭찬을 제공한다.[28, 32] **• 일관된 자연적 · 논리적 결과 경험** 행동의 결과를 자연스럽게 경험하게 해 주는 것도 중요하다. 예: "장난감을 던지면 당분간 장난감을 사용할 수 없어"
환경적 · 정서적 지원	**• 안전하고 예측 가능한 환경 제공** 일정한 하루 일정, 시각적 차트 등이 아이에게 안정감을 주고 문제행동 발생을 줄인다.[31] **• 감정 조절 및 공감능력 키우기** 감정 카드를 사용하거나 감정 대화 시간을 통해 아이가 자신의 감정을 언어로 표현하도록 돕고, 타인의 입장도 이해할 수 있도록 유도한다.[26, 28, 29]

아이의 바람직한 행동은 즉각적이고 구체적인 긍정적 강화를 표현해 주고, 부적절한 행동에는 올바른 대체 행동을 가르치는 것, 일관된 환경과 규칙을 제공하고, 긍정적 행동에 더 주목해 주는 것 등을 통해 자연스럽게 자리 잡는다. 아이가 잘할 때마다 충분히 인정해 주고, 환경적 · 정서적 지원도 함께 제공하면 문제행동은 줄고 긍정 행동이 지속적으로 늘어난다.[26, 28, 31] 구체적인 실천 방법은 다음과 같으며 부모와 교사가 일상에서 습관적으로 실천하기를 바란다.

전략	구체적 방법 예시
긍정적 강화	친구 도와주면 스티커, 곧바로 "네가 도와줘서 기분이 좋아!"라고 말해 주기
대체 행동 가르치기	떼쓰는 대신 "부드럽게 요청하는 연습", 말로 감정 표현 놀이
명확한 규칙	"놀이터에서 순서 지키기"를 그림 규칙표로 보여 주기
무시와 주목 바꾸기	징징거리기엔 반응 자제, 좋은 행동 나올 때 관심 주고 칭찬
환경적 지원	매일 일정표, 교실/가정에 시각적 지시 붙이기

배려행동 증진
교육 프로그램

유아 배려행동 향상을 위한 효과적인 교육 프로그램

유아 배려행동을 효과적으로 향상시키기 위해서는 실천 중심, 경험 중심, 협동적·공감적 접근이 통합된 교육 프로그램이 필요하며, 그림책 활용, 역할놀이, 협동학습, 가정연계 등 다양한 방법을 유기적으로 적용하는 것이 바람직하다.[33-38]

유아의 배려행동을 증진시키기 위해 다양한 교육 프로그램이 개발·적용되고 있으며, 다음과 같은 접근이 효과적인 것으로 연구되고 있다.

① 실천 중심 배려교육 프로그램

실천 중심의 유아 배려교육 프로그램[33]은 실제 생활에서 배려행동을 경험하고 연습할 수 있도록 설계된 활동 중심 프로그램이다. ADDIE 모형을 기반으로 개발된 이 프로그램은 13주 동안 24회기로 구성되어, 만 4~5세 유아를 대상으로 실시한 결과, 또래관계, 유능성, 리더십 등 사회적 역량과 배려행동에 긍정적인 효과가 확인되었다. 이 프로그램은 유아가 타인과의 관계를 효율적으로 인식하고 반응하는 능력을 기르는 데 특히 유용하며, 실천적 경험을 중시한다.

② 그림책, 극놀이 등 다양한 활동의 효과

그림책, 동극, 협동놀이 등 다양한 실천 중심 활동을 활용한 프로그램은 유아가 배려, 존중, 협력의 태도를 자연스럽게 익히고, 또래와의 긍정적 상호작용이 증가하는 등 행동 변화로 이어진다.[43] 그림책을 활용해 '다름'을 공감하고, 다양성을 인식하며, 언어·노래·게임·역할놀이 등 다양한 놀이로 확장하는 다양성 존중 프로그램은 배려행동 증진에 효과적이다. 3개월간 만 5세 유아를 대상으로 실시한 연구[34]에서, 그림책을 통한 활동과 책놀이, 그리고 학부모와의 공유가 유아의 배려행동을 유의하게 증진시킨 것으로 나타났다. 이러한 프로그램은 유아가 자신의 생각을 존중받는다고 느끼게 하며, 타인에 대한 이해와 배려행동을 자연스럽게 이끌어 낸다.[34-35]

③ 극화놀이(역할극)를 통한 공감능력 증진 프로그램

극화놀이를 활용한 프로그램[36]은 유아가 다양한 역할을 경험하며 타인의 입장을 이해하고 공감하는 능력을 키울 수 있도록 돕는다. 5주간 20차시로 구성된 프로그램을 적용한 결과, 유아의 자아존중감, 마음이론(타인 조망능력), 공감능력이 모두 유의하게 향상되었으며, 이는 곧 배려행동 증진으로 이어졌다.

④ 협동학습(LT협동학습) 기반 배려교육

LT(Learn Together) 협동학습 모형을 활용한 배려교육[37]은 유아가 협력적 과제를 수행하면서 자연스럽게 배려행동과 자기조절력을 기를 수 있도록 한다. 9주간 18회기의 프로그램을 적용한 결과, 협동학습을 경험한 유아가 일반적인 교사주도 활동을 한 유아보다 배려행동과 자기조절력이 더 높게 나타났다.

⑤ 가정연계 배려교육 프로그램

가정과 연계하여 부모와 함께 실천하는 배려교육 프로그램[38]도 9주간 18회기의 프로그램을 적용한 결과 유아의 친사회적 행동과 사회적 추론능력, 배려행동 증진에 효과적인 것으로 나타났다. 따라서, 배려교육은 단순히 행동 변화뿐 아니라 사고와 의사소통 능력까지 폭넓게 영향을 미친다는 것을 알 수 있다.

또한, 부모교육 프로그램과 가정연계 활동은 부모의 양육태도를 긍정적으로 변화시키고, 유아의 정서 안정, 사회성 발달, 인성 형성에 큰 도움을 준다. 부모와 교사가 협력할 때 교육 효과는 극대화된다는 점을 명심하자.[41]

⑥ 실천적 경험과 일상적 실천의 중요성

교사들은 유아 배려행동이 단편적인 행위에 그치지 않고 일상에서 실천될 수 있도록 교육이 이루어져야 한다고 강조한다. 배려교육이 효과적이기 위해서는 교사의 이해와 실천, 그리고 일상에서 자연스럽게 배려가 이루어질 수 있는 환경 조성이 중요하다.[42]

유아 배려행동을 향상시키기 위한 교육 프로그램은 또래관계, 사회적 유능성, 리더십, 친사회적 행동, 언어표현력 등 다양한 영역에서 긍정적인 효과를 보인다. 실천 중심, 가정과의 연계, 교사의 이해와 실천, 다양한 활동의 통합적 적용이 효과를 높이는 핵심 요소로 확인된다.[33, 38, 42-43]

○ 배려증진 프로그램의 공통적 특징 및 시사점

공통적 특징	시사점
실제적 경험	배려행동은 단순한 지식 전달이 아니라, 실제 상황에서의 실천과 반복 경험을 통해 내면화된다.
다양한 활동 구성	그림책, 역할놀이, 협동학습, 가정 연계 등 다양한 접근을 통합할 때 효과가 극대화된다.
또래 및 가족과의 상호작용 강화	또래와의 협동, 가족과의 연계가 배려행동의 실천 동기를 높인다.
교사·부모의 적극적 참여	교사와 부모가 함께 활동에 참여하고, 긍정적 모델링을 제공하는 것이 중요하다.

유아 배려행동 증진 프로그램의 핵심 구성 요소

유아의 배려행동을 효과적으로 증진시키기 위한 교육 프로그램은 다음과 같은 핵심 구성 요소들을 포함하는 것이 바람직하다.

○ 배려증진 프로그램의 핵심 구성 요소

구성 요소	설명 및 예시
실천 중심 활동	협동놀이, 역할놀이, 집단활동 등 실제 배려행동 실천
토의 · 문제해결	도덕적 문제 토의, 갈등 상황 해결 모색
협동학습 · 집단활동	또래와 협력, 양보, 집단 내 역할 분담 경험
역할놀이 · 극화	다양한 입장 체험, 공감능력 신장
도서 · 스토리텔링	그림책, 동화, 이야기 나누기, 감정이입 유도
자연친화 · 생태활동	동식물 돌보기, 텃밭 가꾸기, 숲 체험 등 생명 · 환경 배려
다양한 표현 활동	미술, 음악, 요리, 게임 등 창의적 배려 경험
가정 연계	부모와 실천 과제, 가정 내 배려 사례 공유

① 경험 중심의 실천 활동

유아가 실제로 배려행동을 직접 경험하고 실천할 수 있는 다양한
활동으로 협동놀이, 역할놀이, 집단활동 등이 있다. 이러한 경험
중심의 실천활동은 다양한 상황에서 타인을 배려하고 협력하는
경험을 통해 자연스럽게 행동이 내면화된다.[39-40]

② 토의와 문제해결 중심 접근

유아들이 도덕적 문제나 갈등 상황에 대해 서로 의견을 나누고,
해결 방법을 함께 모색하는 토의 활동이 포함되어야 한다. 이를
통해 자율적 문제해결력과 도덕적 판단 능력을 기를 수 있다.[39]

③ 협동학습 및 집단 활동

협동학습은 유아가 또래와 함께 목표를 달성하고, 그 과정에서 배려와 존중, 협력의 태도를 익힐 수 있게 한다. 집단 내에서 서로 돕고 양보하는 경험을 쌓는 것이 중요하다.[39-40]

④ 역할놀이와 극화 활동

역할놀이, 상황극 등은 유아가 다양한 입장에서 타인의 감정과 입장을 이해하고 공감하는 능력을 기르는 데 효과적이다. 실제 상황을 모방하며 배려행동을 연습할 수 있다.[39-40]

⑤ 도서·그림책 및 스토리텔링 활용

배려, 존중, 협동 등 인성 덕목이 담긴 그림책이나 동화를 읽고, 이야기 나누기 활동을 통해 간접 경험을 확대할 수 있다. 스토리텔링은 유아의 감정이입과 실천 의욕을 높여 준다.[39-40]

⑥ 자연친화 및 생태 활동

동식물 돌보기, 텃밭 가꾸기, 숲 체험 등 자연친화적 활동을 통해 생명과 환경에 대한 배려와 존중을 실천한다.[39]

⑦ 다양한 표현 활동

미술, 음악, 요리, 게임 등 다양한 표현 활동을 통해 배려행동을 창의적으로 체험하고 표현할 수 있다.[40]

⑧ **가정 연계 활동**

가정과 연계하여 부모와 함께 실천하는 배려행동 과제, 가정에서의 실천 사례 나누기 등도 효과적이다.[41]

배려행동 증진 프로그램에서 이와 같은 다양한 구성 요소를 통합적으로 적용할 때, 유아의 배려행동은 효과적으로 증진될 수 있다.[39-41]

표준 보육과정 및 누리과정

표준보육과정(0~2세)[44]과 누리과정(3~5세)[45]에 따라 영유아 보육과 교육이 이루어진다. 영유아가 놀이를 통해 심신의 건강과 조화로운 발달을 이루고, 바른 인성과 민주 시민의 기초를 형성하는 데에 목적이 있다. 추구하는 인간상은 건강한 사람(신체 운동과 건강), 자주적인 사람(의사소통), 창의적인 사람(사회관계), 감성이 풍부한 사람(예술경험), 더불어 사는 사람(자연탐구)의 5개 영역으로 나누어 교육한다.

○ **표준보육과정 및 누리과정**

표준보육과정(0~2세) 및 누리과정(3~5세)					
성격	표준보육과정은 0~5세 영유아를 위한 국가 수준의 보육과정이며, 0~1세 보육과정, 2세 보육과정, 3~5세 보육과정으로 구성한다.				
추구하는 인간상	0~5세	건강한 사람	자주적인 사람	창의적인 사람	감성이 풍부한 사람	더불어 사는 사람

목적	영유아가 놀이를 통해 심신의 건강과 조화로운 발달을 이루고, 바른 인성과 민주 시민의 기초를 형성하는 데에 있다.					
목표	0~2세	자신의 소중함을 알고 안전한 환경에서 즐겁게 생활한다.	자신의 일을 스스로 하고자 한다.	호기심을 가지고 탐색하며 상상력을 기른다.	일상에서 아름다움에 관심을 가지고 감성을 기른다.	사람과 자연을 존중하고 소통하는 데 관심을 가진다.
	3~5세	자신의 소중함을 알고 건강하고 안전한 생활습관을 기른다.	자신의 일을 스스로 해결하는 기초 능력을 기른다.	호기심과 탐구심을 가지고 상상력과 창의력을 기른다.	일상에서 아름 다움을 느끼고 문화적 감수성을 기른다.	사람과 자연을 존중하고 배려하며 소통하는 태도를 기른다.
	추구하는 인간상과 목적, 목표는 표준보육과정 영역에 골고루 스며들어 있음					
영역	0~5세	신체운동, 건강	의사소통	사회관계	예술경험	자연탐구

○ 놀이중심 교육의 방향

- 영유아 중심, 교육철학을 바탕으로 한다.
- 놀이 중심 교육을 위해서는 놀이적 요인이 활동 속에 반영되도록 한다.
- 배움이 있는 놀이가 이루어지기 위해서는 교육이 지향하는 바가 놀이 속에 반영되도록 한다.
- 영·유아 경험의 연속성을 고려한 주제와 활동 간의 통합이 이루어지도록 한다.
- 영·유아 주도와 교사 주도의 균형, 놀이와 교육의 균형을 고려한다.

○ **3~5세 영역별 내용(누리과정)**

영역	내용범주	내용
신체 운동 · 건강	신체활동 즐기기	· 신체를 인식하고 움직인다. · 신체 움직임을 조절한다. · 기초적인 이동운동, 제자리 운동, 도구를 이용한 운동을 한다. · 실내외 신체활동에 자발적으로 참여한다.
	건강하게 생활하기	· 자신의 몸과 주변을 깨끗이 한다. · 몸에 좋은 음식에 관심을 가지고 바른 태도로 즐겁게 먹는다. · 하루 일과에서 적당한 휴식을 취한다. · 질병을 예방하는 방법을 알고 실천한다.
	안전하게 생활하기	· TV, 컴퓨터, 스마트폰 등을 바르게 사용한다. · 교통안전 규칙을 지킨다. · 안전사고, 화재, 재난, 학대, 유괴 등에 대처하는 방법을 경험한다.
의사 소통	듣기와 말하기	· 말이나 이야기를 관심 있게 듣는다. · 자신의 경험, 느낌, 생각을 말한다. · 상황에 적절한 단어를 사용하여 말한다. · 상대방이 하는 이야기를 듣고 관련해서 말한다. · 바른 태도로 듣고 말한다. · 고운 말을 사용한다.
	읽기와 쓰기에 관심가지기	· 말과 글의 관계에 관심을 가진다. · 주변의 상징, 글자 등의 읽기에 관심을 가진다. · 자신의 생각을 글자와 비슷한 형태로 표현한다.
	책과이야기 즐기기	· 책에 관심을 가지고 상상하기를 즐긴다. · 동화, 동시에서 말의 재미를 느낀다. · 말놀이와 이야기 짓기를 즐긴다.
사회 관계	나를 알고 존중하기	· 나를 알고 소중히 여긴다. · 나의 감정을 알고 상황에 맞게 표현한다. · 내가 할 수 있는 것을 스스로 한다.
	더불어 생활하기	· 가족의 의미를 알고 화목하게 지낸다. · 친구와 서로 도우며 사이좋게 지낸다. · 친구와의 갈등을 긍정적인 방법으로 해결한다. · 서로 다른 감정, 생각, 행동을 존중한다. · 친구와 어른께 예의 바르게 행동한다. · 약속과 규칙의 필요성을 알고 지킨다.
	자연에 관심 가지기	· 내가 살고 있는 곳에 대해 궁금한 것을 알아본다. · 우리나라에 대해 자부심을 가진다. · 다양한 문화에 관심을 가진다.

	아름다움 찾아보기	· 자연과 생활에서 아름다움을 느끼고 즐긴다. · 예술적 요소에 관심을 갖고 찾아본다. · 노래를 즐겨 부른다.
예술 경험	창의적 으로 표현하기	· 신체, 서울, 악기로 간단한 소리와 리듬을 만들어 본다. · 신체나 도구를 활용하여 움직임과 춤으로 자유롭게 표현한다. · 다양한 미술 재료와 도구로 자신의 생각과 느낌을 표현한다. · 극놀이로 경험이나 이야기를 표현한다.
	예술 감상하기	· 다양한 예술을 감상하며 상상하기를 즐긴다. · 서로 다른 예술 표현을 존중한다. · 우리나라 전통 예술에 관심을 갖고 친숙해진다.
	탐구 과정 즐기기	· 주변 세계와 자연에 대해 지속적으로 호기심을 가진다. · 궁금한 것을 탐구하는 과정에 즐겁게 참여한다. · 탐구과정에서 서로 다른 생각에 관심을 가진다.
자연 탐구	생활 속에서 탐구하기	· 물체의 특성과 변화를 여러 가지 방법으로 탐색한다. · 물체를 세어 수량을 알아본다. · 물체의 위치 방향, 모양을 알고 구별한다. · 일상에서 길이, 무게 등의 속성을 비교한다. · 주변에서 반복되는 규칙을 찾는다. · 일상에서 모은 자료를 기준에 따라 분류한다. · 도구와 기계에 대해 관심을 가진다.
	자연과 더불어 살기	· 주변의 동식물에 관심을 가진다. · 생명과 자연환경을 소중히 여긴다. · 날씨와 계절의 변화를 생활과 관련짓는다.

이러한 국가 보육 및 교육과정을 통해서도 바른 인성을 함양하고 자신과 타인을 배려하는 마음을 기를 수 있도록 돕는 내용이 다양하게 포함되어 있다. 영유아의 배려행동 증진을 위한 집중적인 프로그램을 통해서도 그 교육 효과를 기대할 수 있으므로, 그동안 개발되어 학술적으로 검증된 프로그램들을 여러 유형별로 나누어 소개하고자 한다. 유치원이나 어린이집의 교사가 활동 프로그램을 도입할 때 소개된 배려증진 프로그램의 일부나 전부를 적용해 보기를 바란다.

배려 중심 유아 인성교육 프로그램[46]

〈배려 중심의 유아 인성교육 프로그램〉은 ADDIE 모형 개발 절차에 따라 '분석', '설계', '개발', '실행', '평가'의 5단계를 거쳐 개발되었다. 최종적으로 개발된 배려 중심의 유아 인성교육 프로그램의 구성은 다음과 같다.

첫째, 프로그램의 목적은 이에 따른 긍정적인 자아를 형성함으로써 자신의 특성을 발휘하고, 주변 환경에 관심을 가지며, 배려하고 돌봄으로써 주변 환경과 긍정적인 관계를 형성할 수 있는 미래의 인재를 양성하는 데 있다. 이와 같은 목적을 달성하기 위한 구체적인 목표는 자기 자신의 가치를 인식하고 존중하며 배려하기, 다른 사람과 주변 환경에 관심을 가지고 이해하며 존중함으로써 소중하게 여기기, 다른 사람과 주변 환경과의 상호의존적 관계를 인식하고 배려하기, 긍정적 관계 형성을 위해 배려하는 사람은 상대의 어려움에 대해 보살핌의 행동을 실천하고, 배려받는 사람은 보살핌의 행동에 대해 긍정적으로 반응하기이다.

둘째, 프로그램의 교육 내용은 '관심', '관계', '보살핌'으로 구성하였다. '관심'은 다른 사람의 입장이나 처지, 상황에 대해 염려하고 걱정하는 마음으로 민감성과 공감이다. '관계'는 자신과 다른 사람을 이해하고 존중하는 것과 자신과 다른 사람의 관계를 인식하는 것을 의미하는 자기이해, 친밀한 대상 이해, 관계인식을 포함한다. '보살핌'은 다른 사람을 위하여 나누고 돕고 양보하는 호의나 도움의 행동과 배려행동에 대한 반응을 의미하는 구체적 활동, 긍정적 반응이다.

셋째, 프로그램의 교수·학습방법은 Noddings(1988)[47]의 '대화', '모델링', '실천', '인정과 격려'의 배려 교육방법을 교육활동에 적합하게 반복하거나 순환하여 활용하였다. 또한 유아가 흥미를 갖고 주도적으로 활동에 참여할 수 있도록 동화, 동극, 게임, 이야기 나누기, 토의, 요리, 언어, 수조작, 과학, 역할, 미술, 실외, 봉사, 가족과 연계 등 다양한 유형의 활동으로 구성하였다.

넷째, 프로그램의 평가방법은 과정중심의 평가방법으로 교사가 유아의 활동을 직접 관찰하고, 프로그램에 참여하면서 유아가 만든 활동 결과물, 사진 등을 수집하여 유이를 종합적으로 평가하도록 하였다.

○ **프로그램 교수·학습방법 선정**

교수·학습방법	내용
대화 (dialogue)	대화(dialogue)는 배려의 가장 핵심적인 교육방법으로, 대화를 통해 배려하는 사람과 배려 받는 사람은 상호간의 이해와 신뢰를 형성하고 의사를 교환할 수 있을 뿐만 아니라 상호간의 보살핌을 지속할 수 있다. 그러나 유아들과 심도 깊은 대화를 나누는 것은 발달적 제한이 있으므로 대화 내용을 다시 글로 써보거나, 극놀이 형태도 재연해 보기, 혹은 대화의 주제와 비슷한 형태의 동영상을 보고 소집단 토론·토의하기, 문학 작품의 인물 행동에 대해서 이야기하기 형태로 진행할 수 있다.[48]

모델링 (modeling)	모델링(modeling)은 배려를 고양시키기 위해서 배려의 본을 보여 주는 방법으로 유아로 하여금 배려의 의미와 어떻게 배려하는 지를 알 수 있도록 한다. 이에 교사는 배려의 본이 되어 직접 유아들에게 배려자로서의 역할을 수행 할 수 있다. 교사의 모델링 실례로는 도움이 필요한 유아에게 도움 주기, 유아들의 실수나 문제행동에 대해 관용적인 태도 보이기 등이 포함될 수 있다. 또한 배려의 본을 보여 주는 방법에는 동화책 속의 등장인물의 배려행동, 같은 반 친구의 배려행동 혹은 배려가 필요한 상황에서 나타나는 다른 사람의 배려행동 동영상을 활용할 수 있다.
실천 (practice)	실천(practice)은 다양한 봉사활동의 기회를 제공함으로써 따뜻한 보살핌을 직·간접적으로 실천할 수 있도록 하는 교육방법으로 상호의존성과 나눔의 가치를 체험하도록 한다. 이에 유아들이 직접 배려를 실천해 볼 수 있도록 동식물 키우기, 간식 및 점심시간 도우미하기, 도움이 필요한 동생이나 친구에게 도움 주기, 심부름하기 등의 형태로 진행할 수 있다.
인정과 격려 (confirmation)	인정과 격려(confirmation)는 유아의 최고의 모습을 확인하고 격려해 주는 방법으로 배려의 계속성과 유아의 자아실현을 가능하게 한다. 따라서 유아가 가지고 있는 훌륭한 자아를 인정하고 격려하기 위해서 교사는 유아의 능력, 특성, 관심 등을 알고 있어야 할 뿐만 아니라 유아와 친밀감 및 신뢰감을 형성하고 있어야 한다.[48] 이러한 인정과 격려하기의 실례로서는 칭찬하기, 배려를 베푼 친구에게 감사의 마음 표현하기, 응원하기 등을 들 수 있다.

프로그램의 내용은 '인성'과 '배려'의 세 가지 구성 요소인 정서적 측면, 인지적 측면, 행동적 측면을 근거로 하여 배려 중심의 유아 인성교육의 내용 범주를 '관심', '관계', '보살핌'으로 제시하였다. 배려의 정서적 측면인 '관심' 범주의 내용 요소로는 민감성과 공감을, 배려의 인지적 측면에서 '관계' 범주의 내용 요소로는 자기이해, 친밀한 대상 이해, 관계인식을, 배려의 행동적 측면에서 '보살핌' 범주의 내용 요소로는 구체적 행동, 긍정적 반응을 각각 포함하였고 세부 내용은 다음과 같다.

○ 배려 중심의 유아 인성교육 내용

내용범주	내용요소	세부내용
관심	민감성	· 자기 자신에 대해 관심 가지기 · 다른 사람에 관심 가지기 · 동식물에 관심 가지기
	공감	· 친밀한 대상의 감정 함께 느끼기
관계	자기이해	· 자기 자신의 입장, 상황, 처지 이해하기 · 자기 자신의 마음 이해하기 · 자기 자신의 소중함 인식하기
	친밀한 대상 이해	· 다른 사람의 입장, 상황, 처지 이해하기 · 다른 사람의 마음 이해하기 · 다른 사람의 소중함 인식하기 · 동식물의 소중함 인식하기
	관계인식	· 자기 자신과 다른 사람의 감정이 다를 수 있음을 이해하기 · 자기 자신과 다른 사람의 상호의존적인 관계 인식하기
보살핌	구체적 행동	· 도움주기 · 나누기 · 협력하기 · 양보하기
	긍정적 반응	· 수용하기 · 칭찬이나 격려하기 · 감사 표현하기

긍정적인 자아를 형성함으로써 자신의 특성을 발휘하고, 다른 사람 및 주변 환경에 관심을 가지며, 배려하고 돌봄으로써 긍정적인 관계를 형성할 수 있는 인성을 갖춘 유아를 기르기 위한 〈배려 중심의 유아 인성교육 프로그램〉은 총 24회기로 구성하였고, 프로그램의 구성 준거는 다음과 같다.

첫째, 〈배려 중심의 유아 인성교육 프로그램〉은 또래에 관심을 갖고 상호교류를 시작하여 협동, 공감, 사회적 인정에 대한 욕망 등의 발달 특성을 보이는 만 4세를 대상으로 프로그램을 개발한다. 만 4세 유아는 또래에 관심을 갖고 상호교류를 하며 자기의 생각을 표현하기 시작하고, 자신에 대한 신뢰감, 성취감을 경험하며 긍정적인 자아개념이 형성되며[49], 다른 사람의 감정을 자신의 감정과 동일시하는 공감능력이 발달한다.[50] 이 프로그램은 만4세 유아의 발달적 특성을 고려하였다.

둘째, 〈배려 중심의 유아 인성교육 프로그램〉은 일상생활 속에서 인성교육이 유아들에게 지속적이며, 체계적이고 반복적으로 이루어질 수 있도록 구성한다. 배려는 행사나 개별 활동, 상황 중심 교육만이 아닌 유아가 하루 일과 안에서 배려의 의미를 느낄 수 있도록 교육하는 것이 바람직하다. 이에 교육과정의 다양한 영역과 내용 속으로 통합하여 각 교육활동영역의 교육 내용 속에 배려 중심의 유아 인성교육 내용들이 자연스럽게 스며들도록 구성한다.

셋째, 〈배려 중심의 유아 인성교육 프로그램〉은 정서, 인지, 행동적 측면을 고려하여 통합적으로 조직한다. 자신과 다른 사람과의 관계 인식을 기반으로 다른 사람에 대한 염려, 걱정, 근심의 마음이 구체적인 행동으로 나타나 긍정적인 관계를 형성·유지할 수 있다. 이에 다른 사람에 대한 관심, 관계 인식, 보살핌이 서로 연관성을 가지고 균형 있게 반복하여 다루어질 수 있도록 통합적으로 구성한다.

넷째, 〈배려 중심의 유아 인성교육 프로그램〉은 자기 자신에 대한 배려에서 출발하여 친밀한 대상에 대한 배려로 확대한다. 배려는 다른 사람에 대한 배려만을 의미하는 것이 아니다. 배려에서 자기 자신에 대한 인식과 자신의 상황에 대한 이해는 배려행동에 중요한 영향을 미치기 때문이다.[51] 특히 유아기는 자아 존중감의 토대가 형성되는 시기이다.[52] 이에 자기 자신에 대한 자아존중과 배려를 바탕으로 친밀한 대상에 대한 배려가 이루어질 수 있도록 프로그램을 구성한다.

다섯째, 〈배려 중심의 유아 인성교육 프로그램〉은 Noddings[53]의 대화, 모델링, 실천, 인정과 격려의 교수 · 학습방법을 활용한다. 가치 있다고 여겨지는 인성 덕목을 직접 가르치는 것보다는 배려관계 속에서 자연스럽게 바람직한 인성이 형성된다.[54] 이에 배려의 본을 유아들에게 보이고, 대화를 통해 서로를 이해하며, 인성적 가치를 실천하고, 배려를 통해 자신이 미처 인식하지 못한 최고의 모습을 확인할 수 있도록 돕는 교수 · 학습방법을 선정한다.

이와 같은 프로그램 구성 준거를 바탕으로 개발한 〈배려 중심의 유아 인성교육 프로그램〉의 회기별 교육활동 내용은 다음과 같다. 적용방법은 주 2회씩 1회에 30분 정도의 활동 운영 시간으로 교실과 강당, 실외놀이터 등에서 이루어질 수 있다.

○ 〈배려 중심 유아 인성교육 프로그램〉의 회기별 교육활동 내용

회기	활동명	활동 유형	교육내용		교수 학습	배려 중심의 유아 인성교육 활동목표
1	나를 소개할게	자유 선택 언어	관계	자기이해, 친밀한 대상이해	대화	· 자기 자신을 이해하고 존중함으로써 소중하게 여긴다. · 친구에게 관심을 가지고 이해하며 존중한다.
2	내 귀는 짝짝이 귀	동화	관심 관계	공감 자기이해, 친밀한 대상이해	모델링 대화	· 자기 자신에 대해 이해하고 긍정적인 인식을 갖는다. · 자기 자신과 친구의 모습은 다르지만 이해하고 존중해야 함을 안다
3	우리 반에 이런친구가 있어요	게임	관계	자기이해, 친밀한 대상 이해, 관계인식	대화	· 자기 자신과 다른 사람의 모습은 다르지만 이해하고 존중해야 함을 안다.
4	만약 친구가 없다면	동화	관심 관계	공감 관계인식	대화	· 우리 반 친구에 관심을 가지고 이해하며 존중함으로써 소중하게 여긴다. · 자기 자신과 친구의 관계를 인식한다.
5	우리는 친구예요	자유 선택 역할	관심 관계 보살핌	민감성, 공감 자기이해, 친밀한 대상이해, 구체적 행동	실천 인정/ 격려	· 자신의 어려움을 다른 사람에게 표현하여 배려를 받는다. · 어려운 상황에 처한 다른 사람의 입장, 상황을 인식하고 배려한다.
6	오늘은 내가 꼬마 선생님	봉사	관심 관계 보살핌	민감성, 공감 관계인식 구체적 행동	실천 인정/ 격려	· 자기 자신에 대해 긍정적인 인식을 갖는다. · 배려가 필요한 선생님과 친구의 상황을 이해하고 배려한다.
7	서로 돕는 우리 반	자유 선택 수조작	관심 관계 보살핌	공감 관계인식 구체적 행동	실천 인정/ 격려	· 배려가 필요한 선생님과 친구의 상황을 이해하고 배려한다. · 게임의 규칙을 지키며 즐겁게 참여한다.
8	음식을 대접해요.	요리	관심 관계 보살핌	민감성 관계인식 구체적 행동	실천 인정/ 격려	· 유치원/어린이집에서 수고하시는 분들을 이해하고 감사하는 마음을 갖는다.
9	우리 반 나무 가꾸기	실외	관계 보살핌	관계인식 구체적 행동	대화 실천	· 유치원/어린이집 마당에 있는 나무에 관심을 갖고 소중하게 여긴다. · 자기 자신과 나무의 관계를 인식하고 배려한다.

10	나비의 집	동화	관계 보살핌	관계인식 구체적 행동	모델링 대화	·봄의 곤충에 대해 관심을 갖는다. ·동화를 듣고 나비의 특징을 이해하고 소중하게 여긴다
11	나비의 집이 되려면	토의	관계 보살핌	관계인식 구체적 행동	모델링 대화	·동화 속 소녀의 배려행동을 이해한다. ·나비의 특징을 이해하고 나비를 배려하는 방법을 안다.
12	나비야 잘 자라라	자유 선택 과학	관계 보살핌	관계인식 구체적 행동	실천	·나비의 특징을 이해하고 나비를 배려하는 방법을 알고 실천한다.
13	엉겅퀴 정원 만들기	게임	관계 보살핌	관계인식 구체적 행동	실천	·나비의 특성을 알고 나비를 배려하는 방법을 안다. ·규칙을 지키며 게임을 하는 태도를 기른다.
14	나비야 안녕!	실외	관계 보살핌	관계인식 구체적 행동	대화 실천	·나비의 특성을 알고 나비를 배려하는 방법을 안다. ·나비를 보호하는 방법을 다른 반 친구들에게 알리고 함께 실천한다.
15	내가 참 좋아	동화	관심 관계	민감성 자기이해	모델링 대화	·자기 자신의 특징, 장점에 대해 이해하고 자기 자신을 소중히 여긴다.
16	부모님이 보내주신 상장 소개하기	가족과 연계	관계 보살핌	자기이해, 관계인식 긍정적 반응	대화 인정/ 격려	·가족의 의미를 이해한다. ·자기 자신을 이해하고 존중함으로써 소중하게 여긴다.
17	부모님께 드릴 상장, 선물 만들기	자유 선택 미술	관계 보살핌	친밀한 대상이해 구체적 행동, 긍정적 반응	대화 실천	·부모님께 감사한 마음을 여러 가지 재료를 활용하여 만들 상장이나 선물로 표현한다.
18	피터의 의자	동화	관심 관계	민감성 친밀한 대상이해	모델링 대화	·다양한 상황에서 가족구성원의 마음을 이해하고 존중한다. ·가족의 고마움을 알고 배려하는 마음을 갖는다.
19	얼굴표정 도미노	자유 선택 수조작	관심 관계	민감성, 공감 친밀한 대상 이해, 관계인식	대화	·다양한 상황에서 가족 구성원의 마음을 이해한다. ·가족의 고마움을 알고 배려하는 마음을 갖는다.

20	가족사랑 통장	가족과 연계	관계 보살핌	관계인식 구체적 행동, 긍정적 반응	실천 인정/ 격려	· 가족을 위해 내가 할 수 있는 배려방법을 알고 실천한다. · 부모님은 자녀의 배려행동에 대해 고마운 마음을 표현한다.
21	배려가 필요해요	이야기 나누기	관심 관계 보살핌	민감성, 공감 친밀한 대상 이해, 관계인식 구체적 행동	모델링 대화	· 배려가 필요한 이웃의 상황, 처지, 감정을 이해한다. · 배려가 필요한 이웃을 배려할 수 있는 방법에 대해 안다.
22	1층 사는 키 작은 할머니	동화	관심 관계	민감성, 공감 친밀한 대상이 해, 관계인식	모델링 대화	· 배려가 필요한 이웃에게 관심 을 갖는다. · 배려가 필요한 이웃의 상황, 처지, 감정을 이해하고 돕는 방법에 대해 안다.
23	1층 사는 키 작은 할머니	동극	관심 관계 보살핌	민감성, 공감 친밀한 대상 이해, 관계인식 구체적 행동, 긍정적 반응	대화 실천 인정/ 격려	· 극놀이로 표현하기 위한 의견 모으기 활동을 통해 친구와 협력한다. · 극놀이를 통해 배려가 필요한 이웃에게 배려를 실천한다.
24	함께 만드는 우리 동네	자유 선택 수조작	관계 보살핌	친밀한 대상 이해, 관계인식 구체적 행동, 긍적적 반응	대화 실천 인정/ 격려	· 우리 동네를 만들기 위해 서 로 배려한다. · 친구의 배려행동에 대해 고마 운 마음을 표현한다. · 게임의 규칙을 지키며 즐겁게 참여한다.

활동명	우리는 친구예요.	생활 주제	나와 유치원/어린이집
활동 유형	자유선택- 역할영역	활동 시간	25~30분
교육 내용	· 관심: 공감 · 관계: 관계 인식 · 보살핌: 구체적 행동	교수 학습 방법	· 대화 · 실천 · 인정과 격려
활동 목표	· 자신의 어려움을 다른 사람에게 표현하여 배려를 받는다. · 어려운 상황에 처한 다른 사람의 입장, 상황을 인식하고 배려한다.		
활동 자료	다양한 상황의 그림 카드, 역할놀이 소품		
활동 방법	**[대화]** **: 대화를 통해 배려하는 사람과 배려 받는 대상에 대해 이해하도록 돕기** **: 대화를 통해 배려가 필요한 대상에 대해 공감하도록 돕기** ① 어려움에 처한 상황이 나타나있는 그림 카드를 준비한다. - 그림 속에 어떤 일이 일어났을까? 그림처럼 어려움을 당한 적이 있었니? - 그 상황에서 친구에게 어떤 도움을 요청했니? - 만약 친구가 그림처럼 어려움을 당했을 때 친구의 마음은 어떨까? - 어려움을 당한 친구에게 어떻게 해야 할까? 어떻게 도와줄 수 있을까? ② 활동의 방법을 소개한다. 가. 그림 카드를 한 장 뽑는다. 나. 역할을 정하여 그림 속 상황을 표현해 보자. 다. 그림 속 상황을 역할놀이로 표현하며 어려움을 당한 친구에게 적절한 배려를 실천해 본다. - 그림 속에 어떤 일이 일어났니? - 이런 상황에서는 친구에게 어떤 도움을 줄 수 있을까? **[실천]** **: 배려 실천하기** ③ 그림 카드를 한 장씩 뽑은 후, 역할을 정하여 그림 속 상황을 표현해본다. **[인정과 격려]** **: 배려에 대해 구체적으로 칭찬하며 격려하기** **: 배려한 사람의 수고, 노력에 대해 긍정적인 반응 보이도록 돕기** ④ 역할을 바꾸어 그림 속 상황을 표현해 본다. - 친구와 역할놀이를 해보고 난 후, 어떤 생각이 들었니?		

	- ㅇㅇ와 같은 상황에서 친구가 어떤 도움을 주었니? - 도움을 받은 친구는 어떤 마음이 들었니? - 도움을 준 친구에게 고마운 마음을 어떻게 표현하면 좋을까?
참고 사항	· 배려할 때는 배려받는 사람의 상황, 처지, 감정을 이해하고, 배려행동을 해야 함을 이해하도록 돕는다. · 배려 관계의 의미를 이해할 수 있도록 돕는다(배려하는 사람은 배려가 필요한 사람의 입장을 잘 살피고 배려하며, 배려를 받은 사람은 배려에 대해 긍정적인 반응을 할 때 배려관계 형성됨).

교사 평가	① 오늘의 활동은 유아들에게 흥미가 있었나요?

① 매우 재미없었다.	② 재미없었다.	③ 보통이다.	④ 재미있었다.	⑤ 매우 재미있었다.

교사 평가	② 재미있었던 점은 무엇인가요? ③ 지루하고 재미없었던 점은 무엇인가요? ④ 본 활동이 자기 자신의 어려움을 다른 사람에게 표현하고 배려를 받는 데 도움이 되었나요? ⑤ 본 활동이 어려운 상황에 처한 다른 사람의 입장, 상황을 인식하고 배려하는 데 도움이 되었나요? ⑥ 본 활동을 수정 보완한 부분은 무엇인가요?

실천 중심 유아 배려교육 프로그램[55]

〈실천 중심 유아 배려교육 프로그램〉은 유아들을 대상으로 자기 이해 및 자아존중감을 기르고, 이를 바탕으로 다른 사람과 자연 환경에 대한 배려를 실천함으로 사회적 관계 안에서 원만한 관계를 형성하여 더불어 살아가는 데 필요한 능력을 함양하는 교육을 의미한다. 이러한 배려교육을 위해 자기 자신, 다른 사람, 자연 환경을 이해하고 공감함을 바탕으로 실제 행동으로 배려를 실천하는 인지적, 정서적, 행동적 측면을 모두 포함하여 실천성을 강조한다.

① **인지적 측면**의 관계는 자기 자신에 대한 이해와 자기존중을 바탕으로 다른 사람에 대하여 이해할 수 있으며, 다른 사람뿐만 아니라 자연 및 환경과 관계가 있음을 인식하는 것을 포함하였다. ② **정서적 측면**에서는 민감성과 공감을 바탕으로, 다른 사람의 입장이나 처지와 상황에 대해 염려하고 걱정하는 마음을 포함하였다. ③ **행동적 측면**에서 보살핌을 바탕으로 배려를 실천할 수 있는 구체적인 행동과 배려 행동에 대한 긍정적 반응을 포함한다.

〈실천 중심의 유아 배려교육 프로그램〉의 최종 목적은 유아가 자신의 인지와 감정, 행동에 대한 이해를 높이고 자기존중감을 획득하고, 이를 바탕으로 타인에 대한 인지, 감정, 행동이 존재함을 깨달아 이러한 이해를 바탕으로 배려 지향적 행동을 하도록 도모하는 데 있다. 즉 타인에 대한 관심과 이해를 기반으로 타인의 처지와 상황을 공감하여 자발적인 배려를 실천함으로써 사회적 관계 안에서 원만한 인간관계를 형성하고 나아가 공동체 안에서의 삶을 준비할 수 있도록 돕는 것이며, 이를 통해 궁극적으로 유아들의 행복한 삶을 영위하는 데 도움을 주고자 한다. 이러한 목적하에 구체적으로 설정한 프로그램의 세부 목표는 다음과 같다.

첫째, 자기 자신을 인지적으로 이해하고, 정서적으로 공감하고 자신을 소중히 여기는 행동을 실천한다.
둘째, 타인을 인지적으로 이해하고, 정서적으로 관심을 가지며 소중하게 여기는 행동을 실천한다.
셋째, 나와 타인과의 관계에서 배려의 중요성에 대해 인지하고,

배려를 통해 대인관계에서 발생할 수 있는 문제해결력을 증진시킬 수 있는 행동을 실천한다.

넷째, 다른 사람과 원만한 인간관계에 대해 인지적으로 이해하고, 정서적으로 공감을 통해 공동체에서 사회적 가치를 증진시킬 수 있는 행동을 실천한다.

다섯째, 나를 둘러싼 자연과 주변 환경의 중요성에 대해 인지적으로 인식하고, 이를 보살피는 마음을 함양하여 실제 행동으로 실천한다.

〈실천 중심 유아 배려교육 프로그램〉의 교수-학습방법 기본 원리는 주제 중심의 원리, 통합의 원리, 놀이 중심의 원리, 생활 중심의 원리, 흥미 중심의 원리, 실천 중심의 원리로 구성하였다. ① 도입 단계는 모델링, 대화, 인식하기, ② 전개 방법은 탐색 및 실천 활동으로 하였고, ③ 마무리 단계는 인정과 격려, 토의로 구성된다. 교수-학습방법은 이야기 나누기, 모델링, 동화, 게임, 현장학습, 요리, 신체, 토의하기, 가정연계, 실천을 통한 방법으로 한다. 교육 프로그램의 교수-학습 진행은 유아교육현장의 여러 여건들을 고려하여 주 2회, 오전 활동 시간에 약 20분 내외가 되도록 한다.

〈실천 중심 유아 배려교육 프로그램〉의 평가는 유아 평가와 프로그램 평가로 구분하여 ① 유아 평가는 활동을 진행하는 과정과 결과를 교사에 의한 유아 평가로 실시하며, ② 프로그램 평가는 프로그램 실시 전 진단평가와 실시 중 형성평가, 실시 후 총괄평가를 적용할 수 있다.

○ 실천 중심의 유아 배려교육 프로그램

목표 및 목적	목적	·유아가 자기 자신에 대한 존중을 바탕으로, 사회적 관계에 대한 기술을 통하여 타인과 적절한 관계를 맺는다. ·타인에 대한 관심을 갖고 타인의 처지나 상황을 공감함에 따라 배려를 실천함으로써 사회적 관계 안에서 원만한 인간관계를 형성하여 행복한 삶을 영위하는 것이다.
	목표	·자기 자신을 이해하며 존중함으로써 자신을 소중하게 여긴다. ·타인을 이해하고, 관심을 가지며 소중하게 여긴다. ·다른 사람 및 주변 환경에 대한 어려움에 대해 보살핌의 행동을 실천한다. ·타인과 원만한 인간관계를 형성하여 공동체에서 사회적 가치를 증신시킨다.

교육내용	인지적	·자기이해, 타인이해, 관계인식
	정서적	·자기조절, 공감, 민감성
	행동적	·보살핌, 긍정적 반응, 실천

교수학습방법	교수학습관리		·놀이중심의 원리, 생활중심의 원리, 흥미중심의 원리 ·주제중심의 원리, 통합의 원리, 실천 중심의 원리
	교수학습과정	·도입	·배려상황 인식하기 ·배려관련 대화하기 ·배려관련 모델링 제시
		·전개	·배려요소 방법 탐색하기 ·배려 실천하기 ·문제상황에서 배려할 수 있는 방법 탐구하기
		·마무리	·인정과 격려, 토의하기
	교수학습방법		·이야기 나누기, 모델링, 동화, 게임, 현장학습, 요리, 신체, 토의하기, 실천, 가정연계

평가	유아평가	·과정 평가 ·사전-사후 평가
	프로그램평가	·유아의 또래 관계, 또래 유능성, 유아 리더십에 대한 형식적 평가 ·진단평가, 형성평가, 총괄평가

○ 실천 중심 유아 배려교육 프로그램

배려	회기	활동명	교육내용	활동목표	활동방법
배려 알기	1	배려 이야기	관계인식 공감 긍정적반응	·배려가 무엇인지 배려의 의미를 알 수 있다. ·'배려하는 어린이가 되겠습니다.' 인사를 익힐 수 있다.	이야기 나누기 배려선서 / 실천: 배려인사
	2	배려 씨를 뿌려 보자	관계인식 공감 긍정적반응	·배려의 의미가 담긴 '너, 나, 우리 배려 씨를 뿌려요.' 노래를 익힐 수 있다.	새노래 / 실천: 배려노래 부르기
	3	배려 나무 쑥쑥	관계인식 공감	·우리가 실천할 수 있는 배려가 무엇인지 알아본다. ·느끼고, 생각하고, 행동할 수 있는 배려를 알아보고 배려 나무로 구성해 본다.	미술활동 배려나무 구성하기 / 실천: 배려찾기
	4	배려 열매 주렁주렁	관계인식 민감성	·우리가 배려해야 할 대상이 누구인지 알아보고 꽃과 나무 열매로 표현해 볼 수 있다.	대화 조형활동 / 실천: 배려대상 표현하기
자기 배려	5	오밀조밀 나의 몸	자기이해 자기조절 보살핌	·자신의 마음과 신체를 소중히 여기는 마음을 갖는다. ·자신을 배려할 수 있는 방법을 알 수 있다.	이야기 나누기 역할놀이 / 실천: 자신표현
	6	알록달록 나의 감정	자기이해 자기조절	·자신이 느끼는 감정을 알고 표현할 수 있다.	이야기 나누기 역할극 / 실천: 감정표현
	7	영차영차 나의 행동	자기이해 긍정적반응	·자신을 이해하고 자기를 긍정적으로 인식할 수 있다.	이야기 나누기 모델링/동화 / 실천: 장점 찾기
	8	나는나는 누구일까	자기이해 공감 긍정적반응	·자기 자신을 이해하고 존중할 수 있다. ·자기 자신을 소중히 여기며 자기가 좋아하는 것을 친구에게 소개할 수 있다.	이야기 나누기 표현하기 / 실천: 자기표현
타인 관계	9	친구가 있어요!	타인이해 공감	·자신과 모습은 다르지만 다른 사람을 이해하고 존중해야 하는 것을 알 수 있다.	이야기 나누기 게임 / 실천: 친구와 협력하기
	10	친구가 없어요!	타인이해 공감	·우리 반에 함께 있는 친구들에 관심을 가질 수 있다. ·자신과 함께 하는 친구와의 관계를 인식할 수 있다.	동화 역할놀이 / 실천: 친구관심 갖기
	11	너는 나의 친구	타인이해 민감성 보살핌	·무지개물고기 동화를 듣고 다른 사람이 느끼는 정서와 상황을 이해하고 배려할 수 있다.	토의 동화 / 실천: 배려카드 만들기

	12	우리는 친구 사이	타인이해 민감성 실천	·어려운 상황을 다른 사람에게 이야기 할 수 있다. ·어려운 상황에 처한 친구의 입장이나 상황을 인식하고 배려할 수 있다.	토의 역할놀이
					실천: 친구 도와주기
대인관계배려	13	너는 특별 하단다	타인이해 관계인식 공감	·우리는 모두 다르지만 특별한 존재이며 소중한 존재임을 인식한다.	동화/토의
					실천: 다른점 찾고 이해하기
	14	배려하는 우리 가족	타인이해 관계인식 공감 실천	·가족 구성원의 역할에 대해 알 수 있다. ·가족과 함께 모여 배려하는 가족의 다짐을 약속해 본다. ·가장 가깝고 소중한 가족에게 배려를 실천할 수 있다.	이야기 나누기 역할놀이
					실천: 배려쿠폰 미션 시행하기
	15	배려하는 우리 00반	타인이해 민감성 실천	·선생님의 감정에 대해 이야기를 나눠보고 선생님을 배려할 수 있는 일들을 실천할 수 있다.	대화 역할놀이 표현
					실천: 편지쓰기
	16	출동! 배려천사!	타인이해 민감성 실천	·배려가 필요한 친구를 인식하고 배려천사가 되어 배려를 실천할 수 있다.	대화 배려실천
					실천: 배려천사 출동실천
공동체배려	17	배려 마술봉	타인이해 민감성 실천	·선생님과 친구들이 원하는 소원을 알아보고 소원을 들어줄 수 있다.	이야기 나누기 배려천사 출동실천
					실천: 소원 들어주기
	18	배려 저금통	타인이해 긍정적 반응/실천	·반에서 자신이 할 수 있는 일을 알고 실천할 수 있다. ·배려를 실천한 후 배려 저금통에 배려쿠폰을 모을 수 있다.	이야기 나누기 배려실천
					실천: 동전 모으기
	19	배려 가게 열어요	타인이해 관계인식 공감 보살핌 실천	·가정에서 쓰지 않는 물건을 모아서 배려바자회를 할 수 있다. ·배려활동을 통해서 모은 배려쿠폰으로 배려 바자회를 할 수 있다. ·바자회를 통해서 얻은 수익금으로 우리 사회에서 배려가 필요한 사람을(미혼모가정, 디딤돌가정, 몽공친구들 등)을 도울 수 있다.	배려 바자회 배려실천
					실천: 물품 모으기/ 물품 구매하기/ 어려운 이웃 도와주기
	20	배려 식당 열어요	관계인식 공감 실천	·어린이집에서 우리를 위해 수고해 주시는 분들을 이해하고 감사하는 마음을 갖는다. ·부모님과 함께 만들어 본 요리 레시피로 친구들과 함께 만들어 본다.	요리활동 음식나누기 실천
					실천: 음식 나눠주기

자연과환경배려	21	교실을 삭삭삭	관계인식 자기조절 실천	·교실에서 사용하고 있는 물건을 아껴쓸 수 있다. ·교실에서 사용한 후 정리 및 청소할 수 있다.	토의 교실물건 아껴쓰기 배려실천
					실천: 물건 아껴쓰기
	22	화장실을 속속속	관계인식 자기조절 보살핌	·화장실에서 지킬 수 잇는 에너지 절약 방법을 생각해 보고 변기와 세면대 사용 시 실천할 수 있다.	이야기 나누기 과학 배려실천
					실천: 물 아껴쓰기
	23	지구가 아파요	관계인식 보살핌 실천	·지구 온난화로 인해 기후가 변하는 이유에 대해 인식한다. ·지구 온난화의 심각성을 알고 생활 속에서 친환경 실천사항에 대해 알아보고 실천할 수 있다.	토의 견학 배려실천
					실천: 분리수거
	24	지구 배려 숲속 발표회	관계인식 공감 민감성 보살핌 실천	·사람 그리고 자연 환경의 관계에 대하여 알아보고 보호해 줄 수 있는 배려의 마음을 가질 수 있다. ·숲속에서 자연을 느낄 수 있고, 나무와 곤충을 보호해 줄 수 있다.	토의 숲체험 자연환경 보호실천
					실천: 자연보호

활동명	교실을 삭삭삭	생활주제	깨끗한 나와 환경
활동유형	토의	배려대상	자연과 환경 배려
활동내용	· 인지: 관계인식 · 정서: 자기조절 · 행동: 보살핌	활동자료	청소도구, 사진자료
활동목표	· 교실에서 사용하고 있는 물건을 아껴 쓸 수 있다. · 교실에서 사용한 물건을 정리 하고 청소할 수 있다.		
교수학습과정	도입	대화배려인식	· 교실 바닥에 정리되지 않은 사진 자료를 보며 이야기 나눈다. · 교실 바닥에 떨어져 있는 장난감이나 물건이 울고 있다고 표현해 본다. · 우리가 장난감이라면 어떤 마음이 들지 이야기 나눠 본다. · 교실에서 사용하고 있는 물건을 아껴 쓰는 방법에 대해 토의해 본다.
	전개	배려요소탐색·배려실천	· 함부로 장난감을 사용하는 사진을 보면서 이야기 나눈다. · 우리는 어떻게 장난감을 사용했는지 이야기해 본다. · 장난감을 어떻게 하면 더 재미있게 놀 수 있는지 이야기 나눠 보고 더 재미있게 놀 수 있는 방법을 알아본다. · 장난감이나 활동자료를 사용 후 제자리에 정리하고, 자기가 사용한 것은 스스로 치울 수 있도록 한다. · 역할놀이를 통하여 장난감이 되어 보고, 장난감의 마음이 어떨지 생각해 보고 소중히 여기는 것을 실천해 본다.
	마무리	평가격려	· 오늘은 교실에서 우리가 사용하는 교실과 장난감에 대한 배려를 이야기한 것을 회상해 본다. · 자기가 활동한 장난감은 스스로 바로 정리하며, 물건을 소중히 여기며 아껴 쓸 수 있도록 실천해 본다.
	배려실천	인정격려	· 장난감이나 교실에서 사용하는 물건을 잘 정리하는 모습을 칭찬하고 격려해 준다.

 〈실천 중심 유아 배려교육 프로그램〉을 13주 동안 24회의 적용 후 프로그램의 효과를 검증하기 위해 사용한 사전−사후 검사로는 유아

의 또래 관계 척도, 또래 유능성 척도, 유아 리더십 척도를 활용하였고, 그 결과, 〈실천 중심의 유아 배려교육 프로그램〉은 유아들의 또래 관계, 또래 유능성, 유아 리더십에 긍정적인 효과가 있는 것으로 나타났다.

먼저 〈실천 중심의 유아 배려교육 프로그램〉은 유아의 또래 관계에 유의미한 영향을 끼치는 것으로 나타났다. 프로그램을 실시한 실험 집단은 비교 집단에 비해 또래 관계가 유의미하게 향상되었고, 하위영역인 긍정적 상호작용은 증가하였으며, 부정적 상호작용은 감소한 것으로 유의미한 수준의 변화가 있었다. 이는 실천 중심의 유아 배려교육 프로그램이 또래 관계에 유의미한 영향을 미치는 것을 시사한다.

다음으로, 〈실천 중심의 유아 배려교육 프로그램〉은 유아의 또래 유능성에 유의미한 영향을 끼치는 것으로 나타났다. 프로그램을 실시한 실험 집단은 비교 집단에 비해 또래 유능성이 유의미하게 향상되었고, 하위영역인 사교성, 친사회성, 수도성이 유의미한 수순의 변화가 있었다. 이는 실천 중심의 유아 배려교육 프로그램이 또래 유능성에 유의미한 영향을 미치는 것을 시사한다.

마지막으로, 〈실천 중심의 유아 배려교육 프로그램〉은 유아 리더십에 유의미한 영향을 끼치는 것으로 나타났다. 프로그램을 실시한 실험 집단은 비교 집단에 비해 유아 리더십이 유의미하게 향상되었고, 하위영역인 도전과 자신감, 타인존중, 자기행동관리, 문제해결력이 유의미한 수준의 변화가 있었다. 이는 실천 중심의 유아 배려교육 프로그램이 유아 리더십에 유의미한 영향을 미치는 것을 시사한다.

그림책 활용 유아 배려교육 프로그램[56]

〈그림책을 활용한 유아배려교육활동〉은 1주를 기본단위로 그림책 듣기–상황중심 토의하기–상황극–공유하기 및 배려대장 선정의 4단계와 일상생활에서 배려 실천하기로 구성되어 있다.

○ **그림책을 활용한 유아배려교육활동의 기본 구조**

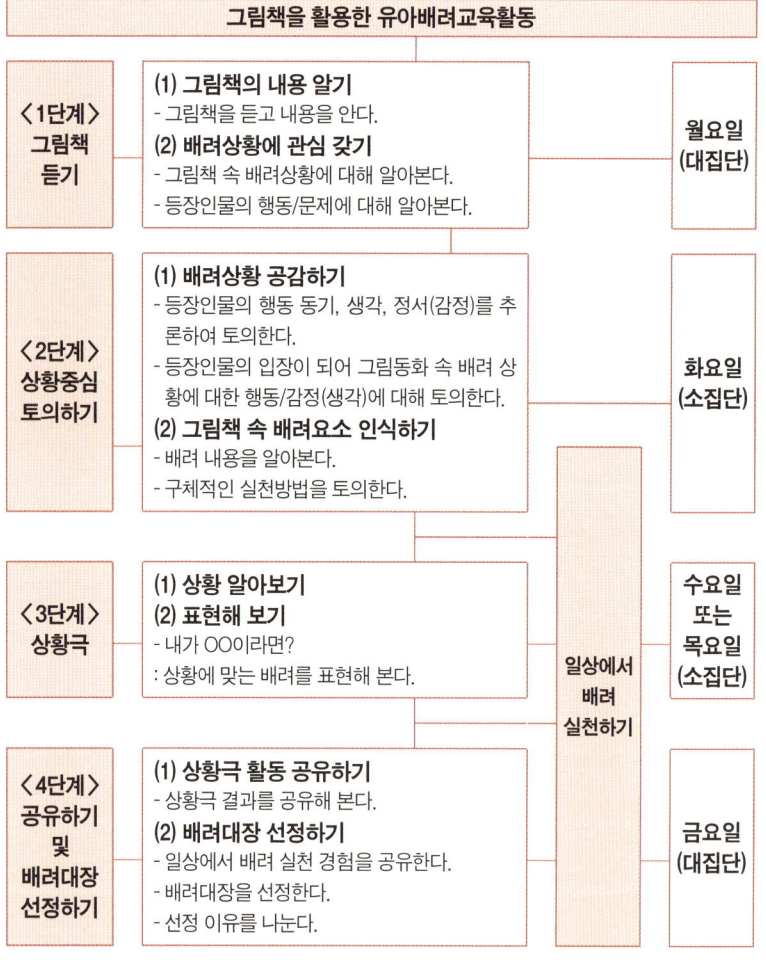

	그림책을 활용한 유아배려교육활동	
〈1단계〉 **그림책** **듣기**	**(1) 그림책의 내용 알기** - 그림책을 듣고 내용을 안다. **(2) 배려상황에 관심 갖기** - 그림책 속 배려상황에 대해 알아본다. - 등장인물의 행동/문제에 대해 알아본다.	**월요일** **(대집단)**
〈2단계〉 **상황중심** **토의하기**	**(1) 배려상황 공감하기** - 등장인물의 행동 동기, 생각, 정서(감정)를 추론하여 토의한다. - 등장인물의 입장이 되어 그림동화 속 배려 상황에 대한 행동/감정(생각)에 대해 토의한다. **(2) 그림책 속 배려요소 인식하기** - 배려 내용을 알아본다. - 구체적인 실천방법을 토의한다.	**화요일** **(소집단)**
〈3단계〉 **상황극**	**(1) 상황 알아보기** **(2) 표현해 보기** - 내가 OO이라면? : 상황에 맞는 배려를 표현해 본다.	**수요일** **또는** **목요일** **(소집단)**
〈4단계〉 **공유하기** **및** **배려대장** **선정하기**	**(1) 상황극 활동 공유하기** - 상황극 결과를 공유해 본다. **(2) 배려대장 선정하기** - 일상에서 배려 실천 경험을 공유한다. - 배려대장을 선정한다. - 선정 이유를 나눈다.	**금요일** **(대집단)**

일상에서 배려 실천하기

1단계 그림책 듣기는 월요일에 이루어지며, 그림책 속 배려상황과 등장인물의 행동/문제에 대해 알아보고 윤리적 이상에 비추어 생각해 보는 것을 통해 배려상황에 관심을 갖고 주의집중 하도록 하는 데 중점을 둔다.

2단계 상황중심 토의하기는 화요일에 이루어지며, 조망 수용적 관점에서 등장인물의 행동의 동기나 생각, 정서(감정) 등을 추론하여 토의해 보거나 유아가 등장인물이 되어 그림책 속 배려상황에 대한 행동/감정(생각)에 대해 토의하는 과정을 통해 배려상황에 대해 공감하고 배려요소를 인식하는 데 중점을 둔다.

3단계 상황극은 수요일이나 목요일에 이루어지며, 그림책 속 제시되는 상황을 중심으로 배려행동을 자유롭게 표현하며 배려의 요소를 알아보는 데 중점을 둔다.

4단계 공유하기 및 배려대장 선정은 금요일에 이루어지며, 상황극 공유하기를 통해 상황극의 결과를 공유하고 배려의 요소를 인식하며, 배려대장 선정하기를 통해 유아의 일상생활 중 배려의 실천에 대한 인정과 격려가 이뤄지도록 하는 데 중점을 둔다.

마지막 일상생활에서 배려 실천하기는 매일 이루어지며, 교사가 주차별 활동에 따른 배려요소에 대해 모델링을 제공하고, 유아가 유아교육기관이나 가정에서 배려요소에 따른 실천이 이루어지도록 지원할 뿐 아니라 부모님께 배려요소에 대한 안내를 통해 가정에서도 배려를 실천하도록 돕는 데 중점을 둔다.

유아 배려교육에 사용할 그림책은 배려교육 관련 논문 등을 참고하여 다음 14권을 선정하였다.

○ 유아 배려교육활동을 위한 그림책

회기	도서명	지은이/옮긴이 출판사 (출판년도)	배려 하위요인	내용
1	야, 우리 기차에서 내려!	존 버닝햄/ 박상희 비룡소(1995)	타인에 대한 배려/ 자연 및 환경에 대한 배려	주인공의 기차를 탄 멸종위기의 동물들에게 주인공은 "야! 우리 기차에서 내려!"라고 말하고, 동물들은 각자 멸종위기에 처한 상황을 말하면서 주인공에게 호소한다. 이때, 주인공이 동물들을 태워 주면서 일어나는 이야기로 구성되어 있다.
2	고릴라	앤서니 브라운/ 장은수 비룡소(1998)	타인에 대한 배려	한나는 고릴라를 좋아하지만 아빠는 시간이 나질 않아 동물원에 데려가지 못한다. 어느 날 밤 고릴라가 나타나 한나와 동물원에 간다. 이튿날 아침에 아빠는 한나에게 고릴라를 보러 동물원에 가자고 한다. 너무나 바쁜 아빠 대신 아빠가 사준 고릴라 인형과 즐거운 한때를 보내는 한나의 이야기로 구성되어 있다.
3	내 귀는 짝짝이	기도반게네흐텐 웅진주니어 (1999)	자기에 대한 배려/ 다양성 존중	따돌림 당하던 토끼가 친구와 화해해 나가는 내용으로 서로 다르게 생겼다고 차별하면 안 된다는 것을 일깨워 주는 이야기로 구성되어 있다.
4	돼지책	앤서니 브라운/ 허은미 웅진주니어 (2009)	타인에 대한 배려/ 다양성 존중	당연한 듯, 관심 없이 무책임하게 생각했던 집안일을 해 주는 사람이 엄마가 사라지자 아무것도 제대로 하지 못하고 결국 무기력하게 돼지로 전락하는 아빠와 두 아이의 이야기로 구성되어 있다.
5	소피가 화나면, 정말 정말 화나면	몰리, 뱅/박수현 책읽는곰(2013)	자기에 대한 배려/ 타인에 대한 배려	언니와 엄마 때문에 화가 난 소피가 화를 풀기 위해서 어떻게 하는지 그 과정이 이야기로 구성되어 있다.
6	어느날	방글글/ 정림그림 책고래출판사 (2015)	자연 및 환경에 대한 배려	인간의 편의와 욕심 때문에 지구상에서 사라지고 있는 소중한 생명들을 돌아보게 하는 내용으로 우리가 지켜야 할 자연에 대한 이야기로 구성되어 있다.
7	손 큰 할머니의 만두 만들기	채인선 글/ 이억배 그림 재미마주(2001)	타인에 대한 배려	무엇이든지 엄청 크게 하는 손 큰 할머니가 숲 속 동물들과 함께 만두를 만든다. 투정 부리는 동물들을 보고 할머니는 꾀를 내어 만두피를 넓게 깔고 남아 있는 만두소를 그 안에 몽땅 쏟아붓고 아주 아주 큰 만두를 하나 만들자고 한다. 기운이 펄쩍 난 동물들은 할머니 말대로 엄청 큰 만두를 만들어 나누는 이야기로 구성되어 있다.

8	내친구 로이는 혼자가 아니에요	소피 마르텔글/ 크리스킨 바튀즈 그림/김양미 상상스쿨(2016)	다양성 존중	로이는 다른 아이들과 조금 달라서 혼자서만 장난감을 갖고 놀거나 시끄러운 소리를 두려워하고, 빛이나 비눗방울 같은 것에는 푹 빠지기도 한다. 조라는 친구가 새로 유치원에 들어온 로이와 함께 어울리기 위해 인내심을 갖고 노력하는 이야기로 구성되어 있다.
9	세상에서 제일 힘센 수탉	이호백 글/ 이억배 그림 재미마주(1998)	자기에 대한 배려	수평아리 한 마리가 태어나 힘센 수탉으로 자란다. 수탉이 늙어 할아버지가 되지만 건강하게 자라는 손자, 손녀들, 세상에서 제 역할을 다하고 있는 아들, 딸들의 존재를 통해 자부심을 얻는다는 이야기로 구성되어 있다.
10	내가 연필깎이라면?	후쿠베 아키히로 글/ 카와시마 나나에 그림/ 엄숙애 현암주니어 (2016)	자연 및 환경에 대한 배려	만약에 내가 학용품이 된다면 어떤 일이 벌어질까요? 연필깎이, 자석, 책갈피 등 주변에서 쉽게 볼 수 있고 아이가 자주 쓰는 물건들을 보며 재미난 상상을 펼쳐보면서 물건의 소중함에 대해 알도록 이야기가 구성되어 있다.
11	무지개 물고기	마르쿠스 피스터/공경희 시공주니어 (1994)	타인에 대한 배려	몸에 반짝이 비늘이 많은 물고기가 예쁜 것을 뽐내다가 친구를 잃고 나서야 자신의 잘못을 깨닫고 반짝이 비늘을 친구들에게 하나씩 나눠 주어 모두가 행복해지는 내용으로 자기보나 낫은 이웃을 샘모고 놓은 것을 혼자만 독차지하면 자기도 괴롭게 된다는 것을 가르쳐 주는 이야기로 구성되어 있다.
12	나무는 좋다	강무홍 시공주니어 (1997)	자연 및 환경에 대한 배려	산소를 만들어 인간을 호흡하게 하는 나무는 인간의 생명을 유지시키는 절대적인 존재이다. 뿐만아니라 아이가 타고 놀 수도 있고, 그네를 매달 수도 있고, 온 가족이 쉴 수도 있는 여유를 제공한다. 나무가 인간에게 얼마나 소중한 존재인지를 보여 주는 이야기로 구성되어 있다.
13	달라서 좋아요	후세 야스코/ 김향금 대교출판(2009)	다양성 존중	동그라미와 세모는 자신과 다른 모습을 인정하고 달라서 좋은 점에 대해 이야기하는 내용으로 구성되어 있다.
14	으뜸 헤엄이	레오 리오니 마루벌(2000)	타인에 대한 배려	작은 물고기들이 서로 힘을 합쳐 큰 물고기의 위협을 물리친다는 이야기로 구성되어 있다.

다음은 1회기에서 사용한 〈야! 우리 기차에서 내려!〉 그림책을 활용한 유아 배려교육활동 4단계 프로그램의 예시로서 교사와 유아 간의 세부적인 활동 과정을 보여 준다. 나머지 회기에 대한 활동 교안은 인용한 참고문헌[56]에서 확인할 수 있다.

○ **그림책을 활용한 유아 배려교육활동 4단계 프로그램 예시**

동화	야! 우리 기차에서 내려!
배려요인 및 요소	· 타인에 대한 배려 · 자연 및 환경에 대한 배려
활동목표	· 다른 사람의 어려움을 이해한다. · 다른 사람을 도울 수 있는 방법을 안다. · 다른 사람을 도와주는 마음을 갖는다. · 자연 및 동물을 소중히 여긴다.
유아배려교육 관련요소	· 실천적요소 > 도움, 관계 · 인지·정서적요소 > 공감, 수용
누리과정 관련요소	· 의사소통 > 듣기 > 동요, 동시, 그림책 듣고 이해하기 · 의사소통 > 말하기 > 느낌, 생각, 경험 말하기 · 예술경험 > 예술적 표현하기 > 극놀이로 표현하기 · 신체운동·건강 > 신체인식하기 > 신체를 인식하고 움직이기

○ **그림책을 활용한 유아 배려교육활동 4단계 프로그램 예시 : 1단계**

1단계		그림책 듣기
활동자료		· 큰 그림책
활동과정	도입	· **활동을 소개한다.** T: 오늘은 '야! 우리 기차에서 내려'라는 그림책을 들어 보자. T: 그림책 속 등장인물들이 어떻게 행동했는지 생각하며 들어 보자.
	전개	· **그림책을 듣고 내용을 안다.** T: 이야기에 나온 등장인물은 누구누구였니? - 호랑이/코끼리/북극곰/물개/두루미/꼬마친구요.

T: 그림책 속 주인공이 기차를 탄 동물친구들에게 어떻게 행동했니?
- 처음에는 태워 주지 않는다고 했어요.
- 동물 친구들이 이유를 말하면서 태워 달라고 하니까 태워 줬어요.
T: 기차를 탄 동물친구들은 주인공의 기차가 움직이지 않는 어려움에
　　처했을 때 어떻게 했니?
- 힘을 합쳐서 눈도 치웠어요.

· 그림책 속 배려상황에 대해 알아본다.
T: 동물친구들이 기차에 왜 타려고 했을까?
- 코끼리는 상아 잘라 가서요.
- 물개는 사람들이 물고기 다 잡아가서 먹을게 없어서요.
- 두루미는 물을 다 퍼가서요 마른땅에서 못 산대요.
- 호랑이는 나무를 다 깎아 버려서요.
- 북극곰은 자기를 잡아서 털옷 만들려고 해서요.
- 사람들이 괴롭혀서요.
T: 주인공은 기차를 태워달라고 부탁하는 동물친구들에게 어떻게
　　했니?
- 기차를 태워 줬어요.
- 같이 잘 지냈어요.
T: 동물친구들은 기차가 움직이지 않을 때 어떻게 했니?
- 눈을 치웠어요.
- 꼬마를 도와줬어요.

| 마무리 | **· 그림책을 듣고 난 후 생각을 나눈다.**
T: 그림책을 듣고 나니 어떤 생각이 들었니?
- 동물친구들이 불쌍했어요.
- 동물들을 사랑해 줘야 될 것 같아요.
- 동물친구들을 보호해야 돼요.
T: 왜 그런 생각이 들었니?
- 동물친구들이 힘들어하니까요.
- 불쌍한 마음이 들었어요.
T: 동물친구들처럼 힘든 친구를 보면 어떻게 하고 싶니?
- 도와주고 싶어요.
- '괜찮아' 하고 안아 주고 싶어요.
- 힘내라고 응원해 주고 싶어요
T: 가장 기억에 남는 장면이 무엇이었니?
- 동물친구들이 기차 타는 거요.
- 동물친구랑 꼬마가 같이 노는 거요.

· 다음 활동에 대해 생각해 본다.
T: 내일은 '야! 우리 기차에서 내려' 그림책에 대해 같이 이야기해 보자. |

2단계		상황 중심 토의하기
활동자료		· 큰 그림책
활동 과정	도입	· **그림책을 회상해 본다.** T: 그림책 속에 누가 나왔었니? T: 주인공은 어떻게 행동했니? T: 동물 친구들은 어떻게 행동했니?

	전개	· **등장인물의 행동 동기, 생각, 정서(감정)을 추론하며 토의한다.**
		T: 이야기에서 어떤 일이 일어났니?
		- 꼬마가 기차 여행을 떠났어요.
		- 동물친구들이 주인공한테 도와달라고 했어요.
		- 동물 친구들이 사람들 때문에 힘들어했어요.
		T: 동물 친구들이 왜 힘들어했니?
		- 사람들이 괴롭혀서요.
		- 자연이 나쁘게 변해서요.
		T: 주인공은 왜 동물친구들을 도와주었을까?
		- 동물친구들 힘들어해서요/ 불쌍해서요.
		- 동물친구들이 부탁해서요.
		T: 도움을 받고서 동물 친구들은 어떻게 느꼈을까(어떤 생각을 했
		   을까)?
		- 꼬마한테 고맙다고 생각할 거 같아요.
		- 행복했을 거 같아요.
		T: 만일 도와주지 않았다면 어떤 결과가 나왔을까?
		- 동물 친구들이 죽었을 거 같아요.
		- 동물 친구들이 사람들 때문에 힘들어 했을 거 같아요.
		T: 만일 도와주지 않았다면 상대방의 마음은 어땠을까?
		- 속상했을 거 같아요.
		- 꼬마가 도와주지 않아서 꼬마를 미워했을 거 같아요.
		T: 만일 도와주지 않았다면 주인공의 마음은 어땠을까?
		- 마음이 안 좋았을 거 같아요.
		- 동물친구들한테 미안할 거 같아요.
		
		· **등장인물의 입장이 되어 그림책 속 배려 상황에 대한 행동/감정(생
		   각)에 대해 토의한다.**

	T: 네가 만일 주인공이라면 어떻게 했을까? - 동물 친구를 도와줬을 거 같아요. - 함께 기차 여행을 했을 거 같아요. T: 내가 주인공이라면 동물친구들을 기차를 태워 줘서 손해를 당하 　더라도 도와주었을까? - 네 힘든 친구니까 도와줄 거예요. **· 그림책 속 배려에 대해 이야기 나눈다.** T: 그림책 속 주인공은 동물 친구들에게 어떻게 배려했니? - 힘들 때 도와줬어요. - 도와달라고 할 때 도와줬어요. T: 다른 사람에게 도움을 줄 때 어떻게 도와주면 좋을까? - 도와달라고 부탁한 일을 도와줘요. - 친구 말을 잘 들어 줘요. T: 그림책 속 동물들을 우리가 돕는다면 어떻게 할 수 있을까? - 동물 친구들을 소중히 생각해 줘요. - 함부로 동물의 뿔이나 털을 뺏지 않아요. - 자연을 소중히 해요.
마무리	**· 토의 후 생각을 나눈다.** T: 이 이야기에서 가장 기억에 남는 것은 무엇이니? - 동물친구들이 기차를 탄 거요. - 동물들이랑 꼬마가 같이 논 거요. T: 이 이야기를 대해 이야기를 나누고 나니 무슨 생각을 하게 되었니? - 어려운 친구를 도와줄 거예요. - 동물친구에게 잘 해 줄 거예요/괴롭히지 않을 거예요. - 자연을 함부로 사용하지 않을 거예요. **· 다음 활동에 대해 생각해 본다.** T: 우리가 그림책 속 주인공처럼 도움을 줘야 하는 상황에 어떻게 행 　동할지 다음 시간에 해 보자.

○ **그림책을 활용한 유아 배려교육활동 4단계 프로그램 예시 : 3단계**

3단계	상황극	
활동자료	· 기차, 기관사 모자	
활동 과정	**도입**	**· 활동을 소개한다.** T: '야! 우리 기차에서 내려' 그림책 속 등장인물이 되어서 표현해 보 　도록 하자.
	전개	**· 그림책 내용을 회상한다.** T: 이야기에 나온 등장인물은 누구누구였니? T: 주인공이 어떻게 행동했니? T: 다른 동물친구들을 어떻게 행동했니? **· 상황을 알아본다.** T: 배려의 상황(동물들이 기차에 태워달라고 하는 상황)에서 어떻게 　표현하면 좋을지 생각해 보자. **· 상황에 맞게 배려행동을 표현해 본다.** T: 기차에서 내리라고 했을 때 어떻게 행동할까? 동물친구들의 입장 에서 표현해 보자. 〈꼬마〉 - 야 우리 기차에서 내려! 〈동물 친구들〉 - 나 좀 태워줘 뿔을 자르려고 해. - 나도 제발 태워 줘 사람들이 물을 오염시켜서 살 수 없어. - 사람들이 나를 잡아서 털옷을 만들려고 해 도와줘. - 나는 마른 땅에서 살 수 없어 도와줘. - 숲에 나무가 하나도 없어서 내가 살 수 없어 도와줘. T: 동물 친구들의 이야기를 듣고 꼬마의 입장에서 표현해 보자. - 힘들겠구나! 도와줄게. - 우리 기차에 타. - 우리 같이 가자. - 속상하게 해서 미안해 기차에 타. T: 기차가 눈 때문에 움직이지 못할 때 어떻게 하면 좋을지 표현해 보자. - 우리 같이 힘을 합치자. - 내가 눈을 치울게./나도 치울게. - 동물 친구들아 우리 같이 눈을 치우자. T: 역할을 바꿔서 다시 한번 표현해 보자.

		· **상황극을 회상하며 평가한다.** T: 동물 친구들이 기차에 태워 달라고 할 때 어떤 생각이 들었니? - 동물 친구를 도와주고 싶었어요. - 동물들이 불쌍했어요. T: 꼬마가 동물 친구들을 도와주지 않았을 때 어떤 생각이 들었니? - 속상하고 미안했어요. - 꼬마가 동물을 안태워 줬을 때 슬펐어요. 동물이 죽어 가니까 안 태워 주는 거는 위험한 행동이에요 T: 모두가 힘을 합쳐 눈 때문에 못 움직이는 기차를 움직이도록 했을 때 어떤 생각이 들었니? - 도와줘야 된다는 생각이요 - 같이 하면 좋아요 T: 상황극 활동을 하고 난 후 다른 어떤 생각이 들었니? - 힘들다고 하면 도와줘야 될 것 같아요. - 친구 부탁을 잘 들어줘야 돼요. - 힘든 일은 같이 해야 돼요. · **다음 활동에 대해 생각해 본다.** T: 다음 시간에 친구들이 했던 상황극에 대해서 같이 이야기해 보고, 일주일 동안 배려를 잘한 친구 중 배려대장을 뽑아 보자.
마무리		

○ **그림책을 활용한 유아 배려교육활동 4단계 프로그램 예시 : 4단계**

4단계		배려대장 선정하기
활동자료		· 배려 스티커 판, 메달
활동 과정	도입	· **활동을 소개한다.** - 상황극 활동을 어떻게 했는지 소그룹별로 소개해 보고, 일주일동안 배려를 가장 잘한 친구를 뽑아 보자.
	전개	· **상황극 활동을 소개한다.** T: 동물친구들이 기차를 태워 달라고 했을 때 어떻게 행동했는지 이야기해 보자. - 기차를 태워 줬어요. - 동물 친구들을 도와줬어요. T: 기차가 눈 때문에 움직이지 못할 때 어떻게 행동했는지 이야기해 보자. - 친구들이랑 같이 눈을 치웠어요. - 서로 도와줬어요.

T: 다른 친구들의 행동 중 나와 비슷했던 것이 있니?

- 기차를 탈 수 있도록 해 줬어요.

T: 다른 친구들의 행동 중 나와 달랐던 것이 있니?

- 기차를 다 못 타는데 ○○친구가 앞으로 가도록 했어요. 그래서 다 탔어요.

· **상황극 활동을 평가해 본다.**

T: 동물친구들이 기차를 태워 달라고 했을 때 어떤 행동이 좋다고 느껴졌니?

- 같이 기차에 탔을 때 좋았어요.

- 안 태워주면 속상해해요.

T: 내가 주인공이라면 어떻게 행동하면 좋을 거 같니?

- 기차 태워 주는 게 좋을 거 같아요.

- 동물친구 도와줘요.

T: 내가 동물 친구들의 입장이라면 상대방이 어떻게 행동했을 때 좋을 거 같니?

- 기차 태워 주는 게 좋아요.

- 내 이야기 들어 줄 때 좋아요.

T: 유치원/어린이집에서 내가 친구에게 도움을 줄 수 있는 상황에는 무엇이 있을까?

- 친구가 힘들어할 때 도와줘요.

- 친구가 부탁하면 같이 해 줘요.

- 어려운 거 할 때 같이 해요.

· **배려대장을 선정하고 선정 이유를 이야기해 본다.**

T: 월요일부터 금요일까지 다른 친구들을 가장 잘 도와준 친구가 누구인지 스티커 판을 확인해 보자.

T: 왜 ○○ 친구가 배려대장이 되었을까?

T: 배려를 잘한 ○○친구에게 메달을 수여하도록 하자.

마무리	· **회상하며 평가한다.** T: 상황에 대해 표현해 본 이야기를 나눠 보니 어땠니? T: 어떤 부분이 좋았니?

유아의 배려교육에 긍정적인 내용이 담긴 14권의 그림책을 활용한 배려교육활동을 통해서 다음과 같은 연구 결과를 확인하였다.

첫째, 그림책을 활용한 유아배려교육활동은 자신에 대한 배려, 친밀한 타인에 대한 배려행동, 자연 및 환경에 대한 배려행동, 다양성 존중 등 전 하위영역에 걸쳐 유아의 배려행동을 전반적으로 증진시킨다.

둘째, 그림책을 활용한 유아배려교육활동은 인지적 자아존중감, 사회적 자아존중감, 신체적 자아존중감, 가족수용 자아존중감, 정서적 자아존중감 등 전 하위 영역에 걸쳐 유아의 자아존중감을 전반적으로 증진시킨다.

셋째, 그림책을 활용한 유아배려교육활동은 내용이 일치하는 이야기 꾸미기, 연계성 있는 이야기 꾸미기 등 전 하위영역에 걸쳐 뉴아의 언어표현력을 전반적으로 증진시킨다.

자연친화 유아 배려교육 프로그램[57]

유아 숲 체험 프로그램 등 다양한 자연친화 교육프로그램이 개발되어 교육현장에서 활발히 사용되고 있다. 유아는 자연과 함께 성장하고, 자연에서 배우고 즐긴다. 자연과 인간은 서로 밀접하게 연결되어 상호의존적이다. 인간의 삶은 자연과 분리될 수 없으며, 자연과 인간은 지속적으로 순환하고 있다는 것을 배울 필요가 있다. 자연과 모든 생명체에 대한 존중감 및 귀하게 여겨 더불어 조화롭게 공존하고자 하는 마음은 올바른 태도를 형성하게 하며 이는 의지를 가지고 직접 활동에 참여할 때 형성된다고 할 수 있다.[58]

〈자연친화 배려프로그램〉은 인성교육 중에서의 유아 배려내용에 중점을 두고 유아의 건강한 몸과 마음, 자연과 인간, 행복한 삶의 도모, 타인에 대한 배려적 지식, 기술, 태도를 증진시키는 것이다. 자연은 유아들에게 가장 좋은 교육적 경험을 제공하며 사물을 이해하고 자기 나름대로 새로운 이론을 배우며, 자연에서의 다양한 경험은 유아발달의 모든 측면에서 성장을 도모해 줄 수 있다.

유아의 흥미와 욕구를 충족시키면서 충분한 학습효과를 거둘 수 있는 자연 친화 활동은 자연현상을 직접 체험하여 구체적으로 사물을 경험하는 기회를 주어야 한다. 감각적 인식이 가능하고 환경에 대한 깊은 통찰과 유아의 호기심을 자극하여 학습에 대한 높은 동기 부여를 하고 건강, 언어, 사회, 탐구생활영역과 관련된 문제들을 종합적으로 경험할 수 있도록 유아가 교사와 같이 계획하고 평가하는 경험을 통하여 교육과정을 풍부하게 한다.[59]

유아들에게 자연은 어떤 것인지 인식시켜 자연 친화적인 태도를 갖도록 하며, 다양한 자연현상을 직접 경험하는 것이 중요하다. 따라서 자연친화 놀이에서는 자연을 어떻게 바라보고 접해야 하는지 학습하고, 동시에 흥미와 호기심을 자극하여 자연스럽게 놀이로 자연과 친숙해질 수 있는 방법을 알 수 있도록 적용되어야 한다.

유아는 자연과 함께 성장하고, 자연에서 스스로를 배우고 즐길 수 있으며, 무엇보다 숲에서 활동하는 놀이의 내용과 방법을 생각하여 유치원/어린이집에서 쉽고 효율적으로 자연교육을 실천할 수 있도록 하기 위함이다.

〈자연친화 배려프로그램〉은 더불어 살아가는 데 필요한 배려 능력에 초점을 맞추어 이를 증진시킬 수 있는 구체적 방안을 자연이라는 환경에서 활동을 중심으로 구성한다. 〈자연친화 배려프로그램〉에서는 자연친화 활동을 통해서 유아가 배려적인 태도를 함양하고, 타인에 대한 배려를 위한 지식, 기술, 태도를 증진시키는 내용으로 구성되어 있다.

이러한 내용에 따라 배려에 대한 의의 및 방법을 이해하고 실천하며 습관으로 형성하는 것으로, 타인을 배려하기 위해서는 타인의 도움을 필요로 한다는 상황에 대한 인식을 하는 것이 선행되어야 하고 그 상황에서 어떤 행동을 해야 도움이 될 수 있는지를 판단할 수 있어야 한다. 즉, 타인의 입장에서 공감하고 실천으로 옮겨야 배려의 완성이 된다.

이 〈자연친화 배려프로그램〉으로 자연을 통해 자아감을 형성하고 주변 환경에 관심을 가지며 배려하는 긍정적인 관계를 형성하도록 자연친화 배려프로그램이 구성되었고, 프로그램의 회기별 교육활동 내용은 다음과 같다.

○ **자연친화 유아 배려교육 프로그램**

회기	활동명	도입	활동내용	배려 요소
1	우리 모두 사이좋게 살아요	인사 나누기 나무 신체 표현하기	·나무와 풀 관찰하기 ·다양한 색깔과 내가 좋아하는 색깔 찾아보기	정서적 공감하기 협력, 협동, 의사 표현, 기쁨 나누기

2	나누면 즐거워요	인사 나누기 풀(쑥) 신체 표현하기	· 숲에서 사는 친구들 관찰하기 · 흙 관찰하기 · 풀(쑥) 관찰하기	나눔과 배려, 돌봄, 약속 지키기, 또래 간 관심 갖기
3	달라서 더 소중해요	인사 나누기 숲 속 모양 신체 표현하기	· 꽃과 나무 관찰하기 · 다양한 모양 관찰하기 · 내가 찾은 모양 친구와 함께 표현하기	도움, 긍정적 반응, 우호적 접근, 친절, 친밀감, 협력
4	자연과 생명은 소중해요	인사 나누기 숲(도토리) 신체 표현하기	· 숲에서 친구들과 놀이하기 · 숲이 우리에게 주는 고마운 것 표현하기	정서적 공감, 민감성 사이좋기 지내기, 감정 전달하기
5	재능 기부 (나눔)는 즐거워요	인사 나누기 숲속 친구들 (나무) 신체 표현하기	· 아낌없이 주는 나무 동화 듣기 · 너를 칭찬해요 · 나무의 일생 재능기부하기	돕기, 자긍심, 친절, 소유물 나누기, 기쁨 나누기, 기회 제공하기
6	함께 만들면 더 행복해요	인사 나누기 숲속 친구들 신체 표현하기	· 내가 좋아하는 친구 집을 지어요 · 숲에 있는 것들을 관찰하며 함께 활동하기	감정이입, 정서적 공감, 동식물 감정 읽기, 관계성, 격려하기, 지지하기
7	생태계의 소중함을 알아요	인사 나누기 바람 신체 표현하기	· 땅에는? · 씨앗 관찰하기 · 식물 관찰하기 · 생태계의 소중함	아픔, 안타까움, 긍휼, 인정하기, 규칙과 예절, 감응성
8	내가 할 수 있는 것들	인사 나누기 지렁이 신체 표현하기	· 숲의 청소부에 대해 이야기하기 · 자연을 깨끗하게 해 주는 것들	도움, 미안함, 고마움, 양보심, 조망수용, 또래 간 수용하기
9	칭찬 릴레이	인사 나누기 산새들(노래) 신체 표현하기	· 고마운 숲과 친구들을 서로 칭찬해 주기	감사한 마음 표현하기, 양보, 돌봄, 따뜻한 감정 전달하기, 격려하기
10	서로의 소원을 말해요	인사 나누기 솔방울 신체 표현하기	· 숲의 열매들 알아보기 · 단풍잎 씨앗으로 서로 소원 말해 보기	의사표현, 미소로 표현하기, 공감, 책임감, 긍정적반응, 지지하기, 친밀감

활동명	교실을 삭삭삭	대상 연령	만 4, 5세
배려요소	도움, 미안함/고마움 표현, 또래 간 수용하기		
활동목표	· 숲의 청소부에 대해 이야기할 수 있다. · 자연을 깨끗하게 해 주는 것들에 대해 말할 수 있다. · 내가 자연에게 할 수 있는 것이 무엇인지 말하고 실천할 수 있다.		
준비물	꽃삽, 비닐봉투, 돋보기		
기대효과	숲의 청소부들에게 고마움 표현하기		
교수학습과정	도입 (10분)	· 노래 또는 손유희로 주의집중하기 "거미가 줄을 타고 올라갑니다… 거미가 줄을 타고 내려옵니다." · 인사나누기 - 대상 유아들과 선생님, 서로 인사 나눈다. - 자연에서 인사하기 · 바람을 느끼면서 체조하기 - 친구들과 함께 자연을 몸으로 표현한다. - 자연 느끼기(바람소리나 새소리 듣기, 공기 마시기)	
	전개 (20분)	· 숲에서 만나는 것에 대하여 이야기 나눈다. - 숲속에 가면 개미도… 지렁이도… 새로… 노래를 부르면서 즐겁게 놀이를 시작한다. 놀이하면서 즐거움의 감정을 다양하게 표현할 수 있다. · 땅에서 사는 것들에 대해 자세히 관찰하고 탐색하기를 한다. · 땅에서는 여러 가지 것들이 썩어 있고 좋은 토양이 되기 위해 거름이 되어가는 것에 대하여 이야기한다. - 좋은 균이 있고 그 좋은 균들은 좋은 토양을 만든다는 것을 알 수 있다. - 지렁이를 관찰하면서 모양 생김새 등에 대하여 이야기한다. - 지렁이가 있는 땅은 산소를 만들어 주고 땅을 보슬보슬하게 해준다는 것을 안다. - 버섯도 숲을 청소해 준다는 것을 나눈다. · 고마운 친구들에게 고마움을 표현하도록 한다. - 숲에서는 서로서로 도우며 살아가는 식물 동물들이 많음을 안다. - 숲을 청소해 주는 고마운 친구들이 있음을 안다.	

마무리 (10분)	· 숲에 있는 흙을 관찰하고 그 흙에는 무엇이 있는지를 살펴보고 퇴 비, 지렁이, 버섯 등을 찾아서 흙을 건강하게, 숲을 건강하게 하는 것 에 대하여 이야기 나눈다. - 흙을 건강하게 하는 이들에게 고마움을 표현한다.
활동 평가	· '숲의 청소부' 주제가 아이들에 게 어떻게 접근할까? 고민했 는데 지렁이를 찾으며 접근할 수 있었다. 숲을 깨끗하게 한 다는 말에 유아들이 버섯과 박 테리아균을 친근하게 생각하 고 도움, 나눔이란 말을 자주 사용한다. 지렁이가 땅을 깨끗 하게 해 준다는 말에 징그럽다 고 말하던 아이들이 "고맙다" 라고 표현을 한다.

이 연구에서는 〈자연친화 배려프로그램〉의 적용 효과를 확인하기 위하여 유아의 공감능력, 놀이성, 친사회적 행동의 3개 변인에 대한 사전-사후 검사를 실시하여 다음과 같은 결론을 도출하였다.

첫째, 〈자연친화 배려프로그램〉은 유아의 공감능력 총점과 공감능력의 하위 요소인 슬픔, 심적 부담, 기쁨, 불안에 영향을 미치는 것으로 나타났다. 공감은 타인의 감정이나 심리상태, 그리고 그의 내적인 경험을 이해하고 함께 느낄 수 있는 능력에 기초를 둔 정신 내적인 현상으로 또래와의 사회적 상호작용의 중요한 요인이다.[60-61] 또한, 공감능력은 유아의 친사회적 행동을 증진시켜 교우 간 상호 만족스러운 인간관계를 형성하는데 도움을 주고, 또래 간에 더 잘 수용하게 함으로써 원만한 또래관계가 형성될 수

있도록 하며 집단생활 속에서의 적응력을 높이는 데도 효과적으로 나타난다.[62]

둘째, 〈자연친화 배려프로그램〉은 유아의 놀이성 총점과 놀이성의 하위 요소인 신체적 자발성, 사회적 자발성, 인지적 자발성, 즐거움의 표현, 유머 감각에 긍정적인 영향을 미치는 것으로 나타났다. 자연에서의 놀이는 유아 스스로가 자연친화 놀이를 통해 인간과 자연과의 조화로운 관계를 자연스럽게 알게 하고 유아의 신체와 정신을 전인적으로 성장·발달시키며, 유아의 자연에 대한 감수성 발달을 돕는다. 이렇게 유아기에 형성된 자연감수성은 유아가 성인이 되었을 때 자연을 보호하려는 마음을 적극적으로 갖게 하고, 환경 친화적인 삶을 살 수 있는 바탕이 되어준다. 또한 자연친화 환경에서의 놀이 과정에서 유아들은 자발적으로 자기 생각을 말하고, 양보와 타협을 하고, 자기주장을 내세워서 다투기도 하고 경쟁도 하면서 타인의 존재를 인식하는 가운데 자기를 발견하고, 또래들과 의사소통을 하면서 사회성을 향상시킬 수 있다.

셋째, 〈자연친화 배려프로그램〉은 유아의 친사회적 행동 총점과 친사회성의 하위요소인 지도성, 도움주기, 의사소통, 주도적 배려, 접근 시도하기, 나누기, 감정이입 및 조절에 긍정적인 영향을 미치는 것으로 나타났다. 친사회적 행동은 공격적인 행동과 대조가 되는 행동으로써 보상을 기대하지 않고 다른 사람에게 이익이나 도움을 주고자 하는 의도가 있는 긍정적인 태도나 행동이다.[63] 유아기의 친사회적 행동은 자기중심성을 탈피하여 타인의 어려움과 상황을 인식하는 조망능력, 다른 사람을 돕기 위하여 그 상황에 적절한 행동을 선택하고 수행하는 데 필요한 도구적 문제 해결 능력, 그리고 다른 사람의 어려움을 느낄 수 있는 감정이입 능력 등을 갖추는 데 도움이 된다.

가정연계 유아 배려교육 프로그램[64]

앞에서도 여러 번 강조한 것처럼, 유아교육기관에서의 프로그램은 가정과 연계한 활동을 포함함으로써 그 교육적 효과를 극대화할 수 있다. 교사-유아-부모로 이어지는 세 주체가 모두 배려교육의 참여자가 되는 것이 바람직하다. '가정연계'는 유아교육기관에서 부모의 배려에 대한 의견이나 교육기관에 대한 요구 사항들을 수렴하여 이를 반영한 배려 교육활동을 가정과 연계하여 실시하는 것을 의미한다. 즉, 배려교육 활동을 유아교육기관에서 실시하고, 이와 관련된 활동을 이야기 나누기, 그림 그리기, 배려실천 내용 기록하기 등과 같은 다양한 형태로 부모님과 함께 가정에서 적용하고 실천하는 것이다.

여기서 소개하는 〈가정연계 유아 배려교육 프로그램〉은 배려의 대상을 자기 자신과 타인(친구), 가족, 자연과 동식물 등으로 확대해 가면서 각각의 활동 프로그램에 반드시 가정연계활동을 포함하고 있다는 점에서 다른 배려교육 프로그램들과 차별화된다.

〈가정연계 유아 배려교육 프로그램〉의 목적은 배려적 인성을 함양하고 타인에 대한 배려적 지식, 기술, 태도를 증진시키는 데 있다. 이와 같은 목적을 위해 설정한 구체적인 목표는 다음과 같다.

첫째, 자신을 긍정적으로 인식하고 가치 있게 느낀다.

둘째, 타인의 생각과 감정을 인식하고 이해하고 이해한 바를 표현한다.

셋째, 상황과 타인을 이해하고 자신의 행동과 정서를 조절한다.

넷째, 타인에게 관심을 갖고 타인을 이롭게 하는 행동을 한다.

〈가정연계 유아 배려교육 프로그램〉의 교육 내용은 자기존중, 공감, 자기조절, 이타행동의 4개 영역의 내용 요소와 하위 교육 내용으로 구성된다.

○ **가정연계 유아 배려 중심 프로그램의 교육 내용**

내용요소	하위내용
자기존중	· 자신의 장점 알기 · 자신을 가치 있게 느끼기
공감	· 타인의 감정 알기 · 타인의 감정 느끼기 · 타인과 감정 교류하기
자기조절	· 상황과 타인을 인식하기 · 자신과 타인의 사고와 감정을 이해하기 · 상황에 맞게 자신의 생각과 감정, 행동을 통제하기
이타행동	· 타인을 도와주기 · 타인에게 나눠 주기 · 협동하기 · 규칙 지키기

〈가정연계 유아 배려교육 프로그램〉의 교수-학습 과정은 '배려상황 인식하기 - 배려요소 탐색하기 - 배려방법 탐구하기 - 배려실천 : 가정연계'의 4단계의 수업으로 구성되어 있다.

프로그램의 구성체계 및 12회기의 프로그램 내용은 다음의 표를 참고하자.

○ **가정 연계를 통한 유아 배려교육 프로그램의 구성체계**

목적 및 목표	목적	· 배려적 인성을 함양하고 타인에 대한 배려적 지식, 기술, 태도를 증진시킨다.
	목표	· 자신을 긍정적으로 인식하고 가치 있게 느낀다. · 타인의 사고와 감정을 인식하고 이해하며 이해한 바를 표현한다. · 상황과 타인을 이해하고 자신의 행동과 정서를 조절한다. · 타인에게 관심을 갖고 타인을 이롭게 하는 행동을 한다.

교육내용	자기존중	· 자신의 장점 알기 · 자신을 가치 있게 느끼기
	공감	· 타인의 감정 알기 · 타인의 감정 느끼기 · 타인과 감정 교류하기
	자기조절	· 상황과 타인을 인식하기 · 자신과 타인의 사고와 감정을 이해하기 · 상황에 맞게 자신의 생각과 감정, 행동을 통제하기
	이타행동	· 타인을 도와주기 · 타인에게 나눠 주기 · 협동하기 · 규칙 지키기

	교수-학습 원리	놀이중심의 원리, 생활중심의 원리, 흥미중심의 원리, 주제중심의 원리, 통합의 원리	
교수 - 학습 방법	교수-학습 과정	· 배려상황 인식하기	- 배려 관련 이야기에 관심 가지기 - 배려상황 인식하기 - 배려 관련 이야기 이해하기
		· 배려요소 탐색하기	- 배려요소 찾아보기 - 배려와 배려가 아닌 것 탐색하기
		· 배려방법 탐구하기	- 문제 상황에서 배려할 수 있는 방법 탐구하기 - 여러 가지 배려방법의 대안 제시하기 - 자신의 선경험과 관련 짓기 - 자신과 또래의 의견 비교하기
		· 배려실천: 가정연계	- 실제로 내가 실천할 수 있는 배려방법 제안하기 - 기관과 가정에서 실천하기
	교수전략	가정연계, 설명하기, 모델링, 대화, 협동, 실천, 토의하기	
	교수-학습 자료	· 이야기 자료 : 사진, 동영상, 그림 · 관련 활동 자료 : 음률활동, 조형활동, 언어활동 · 가정연계 활동 : '배려노트'	

	진단평가	유아의 사회적 추론, 친사회적 행동, 언어표현력에 대한 형식적 평가
평가	형성평가	유아의 행동관찰, 인터뷰, 활동 기록 및 분석
	총괄평가	유아의 사회적 추론, 친사회적 행동, 언어표현력에 대한 형식적 평가

○ 가정연계 유아 배려교육 프로그램

회기	생활 주제	활동명	활동내용	배려하위 요소	연계활동 내용
1	유치원과 친구	배려를 알아요	다양한 배려의 상황을 보며 배려의 개념과 대상에 대해 알아본다. 또한 친구를 소중하게 생각하고 상황에 맞는 배려의 말을 해본다.	· 자기존중 · 공감 · 자기조절 · 이타행동	· **가정연계: 가족이 생각 하는 배려란?** · 조형: 친구의 장점을 조사하여 종이컵 꽃잎에 쓰기 · 자유선택활동: 실천한 배려의 언어 기록하기
2	유치원과 친구	나는 어떤 친구일까요?	어려울 때 모른 척 하는 친구와 돕는 친구의 이야기를 통해 좋은 친구란 어떤 친구인지 생각해 보고, 친구를 도울 수 있는 방법에 대해 알아본다.	· 공감 · 자기조절 · 이타행동	· **가정연계: 다른 사람에게 도움을 준 경험을 글이나 그림으로 기록하기** · 언어: '내가 곰이라면 어떤 말을 했을까?' 말풍선 채우기 · 자유선택활동: 실천한 배려의 언어 기록하기
3	봄	함께 하면 즐거워요	봄맞이 대청소를 하는 상황의 내용을 통해 협동의 필요성과 중요성에 대해 알아본다.	· 자기조절 · 이타행동	· **가정연계: 협동한 내용과 협동했을 때의 나의 마음을 기록하기** · 조형: '움직이는 사람' 색종이 협동화 꾸미기 · 자유선택활동: 실천한 배려의 언어 기록하기
4	봄	무지갯빛 세상	싹이 커다란 나무가 되기까지의 과정이 담긴 이야기를 보고 자연의 소중함을 알고 자신이 할 수 있는 일은 무엇인지 알아본다. 또한 협력의 가치에 대해 생각해 본다.	· 자기조절 · 이타행동	· **가정연계: 자연을 배려한 내용 기록하기** · 산책: 숲 체험 활동 및 식물에게 사랑의 언어로 표현하기 · 자유선택활동: 실천한 배려의 언어 기록하기
5	동물	배려하는 동물	배려하는 돌고래의 이야기를 통해 배려의 즐거움과 중요성을 이해한다. 또한 배려를 받은 사람의 마음에 대해 이야기함으로써 실천을 다짐해 본다.	· 공감 · 자기조절 · 이타행동	· **가정연계: 내가 배려한 내용 기록하기** · 조형/언어: 돌고래 이름 쓰고 콜라주 하기 · 자유선택활동: 실천한 배려의 언어 기록하기
6	동물	서로의 입장이 되어 봐요	먹이가 다른 소와 사자의 이야기를 통해 자기와 다른 사람의 생각과 특성이 다를 수 있음을 이해하고, 상대방의 입장에서 생각해 볼 수 있는 기회를 갖는다.	· 자기존중 · 공감 · 자기조절	· **가정연계: 내가 배려한 내용 기록하기** · 조작: 잡지를 이용하여 소와 사자의 밥상을 차려 주기 활동하기 · 자유선택활동: 실천한 배려의 언어 기록하기

7	동물	생명은 소중해요	주변에서 쉽게 접할 수 있는 동물을 보살피는 내용을 통해 생명의 소중함을 알고 동물을 배려하는 행동에 대해 알아본다.	·자기존중 ·자기조절	**·가정연계: 동물을 배려한 내용 기록하기** ·게임: 동물인형 옮기기 활동하기 ·자유선택활동: 실천한 배려의 언어 기록하기
8	나와 가족	나를 배려해요	나의 몸을 소중히 여기는 내용을 통해 나를 배려하는 방법에 대해 알아본다.	·자기존중 ·자기조절	**·가정연계: 나를 배려한 내용 기록하기** ·음률: '나는 특별해' ·자유선택활동: 실천한 배려의 언어 기록하기
9	나와 가족	나를 칭찬해요	재능기부의 이야기를 통해 자신이 잘 할 수 있는 일에 대해 생각해 보고, 자신의 장점으로 타인을 도울 수 있는 일들을 찾아본다.	·자기존중 ·자기조절 ·이타행동	**·가정연계: 나의 좋은 점을 칭찬하고 기록하기** ·언어: 나에게 칭찬상장 주는 활동하기 ·자유선택활동: 실천한 배려의 언어 기록하기
10	나와 가족	나눔으로 사랑을 실천해요	자신의 것을 아낌없이 나누는 가족의 이야기를 통해 가족의 소중함과 함께 나누는 기쁨을 이해하고 적절한 언어를 사용하여 표현해 본다.	·자기존중 ·공감 ·자기조절 ·이타행동	**·가정연계: 가족에게 사랑을 실천한 내용 기록하기** ·언어: 가족에게 편지쓰기 ·게임: 볏단 옮기기 게임하기 ·자유선택활동: 실천한 배려의 언어 기록하기
11	나와 가족	함께 만드는 행복한 가정	가족 구성원의 다양한 역할에 대한 내용을 통해 가족이 행복하기 위해서는 가족 구성원 모두가 노력해야 됨을 이해하고 가정에서 자신이 할 수 있는 일을 알아본다.	·공감 ·자기조절 ·이타행동	**·가정연계: 가족에게 도움을 준 내용 기록하기** ·동극: 동화 읽고 극 놀이하기 ·자유선택활동: 실천한 배려의 언어 기록하기
12	우리 동네	공공 질서를 지켜요	공공장소에의 다양한 규칙에 대한 내용을 통해 질서와 규칙 준수의 중요성을 이해하고 실천을 다짐한다.	·공감 ·자기조절 ·이타행동	**·가정연계: 배려의 좋은 점 기록하기** ·언어: 공공질서를 지키지 않는 사람에게 하고 싶은 말 쓰기 ·자유선택활동: 실천한 배려의 언어 기록하기

다음은 9회기 '나를 칭찬해요' 활동안의 예시다. 배려상황을 인식하고, 배려요소를 탐색하며, 배려방법을 탐구하는 과정을 거쳐서 배려를 실천하고, 관련 활동으로 '자신에게 칭찬상장을 만들어 주는 것'과 가정

연계 활동으로 '나의 좋은 점을 찾아보고 칭찬하기'가 포함되어 있다.

○ **활동교안 예시 : 8회기**

활동명	나를 칭찬해요	내용요소	자기존중, 자기조절, 이타행동
생활주제	나와 가족		

활동목표	· 자신이 잘 할 수 있는 일을 알고 자신감을 갖는다. · 자신에 대해 긍지를 갖는다. · 자신의 자랑할 점을 적절한 어휘를 사용하여 이야기한다. · 자신의 장점으로 남을 도울 수 있는 일을 찾아본다.
활동자료	· 재능기부 사례 이야기 그림 : 벽화그리기, 출장미용, 경로당에 전기설비 고쳐주기, 소아암 환자에게 가발주기, 목욕봉사하기, 연주회 등

교수-학습 과정	교수-학습 활동		
	내용	교사발문	교수전략
배려상황 인식	1) 배려상황이 포함된 이야기의 내용을 이해한다.	· 어떤 내용의 그림인지 살펴보기. - 이 그림은 무엇을 하고 있는 거라 생각하니? · 그림 보고 내용 설명하기.	· 설명하기
배려요소 탐색	2) 배려의 관점에서 배려상황 및 요소를 탐색한다.	· 그림 자료에 나타난 인물의 장점은 무엇이고 남을 위해 한 일은 무엇인지 이야기하기. - 이 사람은 무슨 일을 잘 하는 사람일까? - 그 재능을 가지고 무슨 일을 하고 있니? - 이 사람은 어떤 마음일까? - 너희들은 어떤 마음이 드니?	· 모델링 · 설명하기
배려방법 탐구	3) 배려를 실천할 수 있는 방법에는 어떤 것들이 있는지 탐구한다.	· 나의 장점은 무엇인지 생각해 보기. - 내가 잘 하는 것은 무엇일까? - 내가 좋아하는 것은 무엇일까? · 나의 장점으로 남에게 도움을 줄 수 있는 일은 무엇인지 이야기하기. - 내가 잘 하는 일이 다른 사람에게 도움을 줄 수 있을까? - 왜 그렇게 생각했니? - 어떻게 도움을 줄 수 있을까? · 친구의 의견에 어떻게 생각하는지 이야기하기 - 이러한 장점으로 또 어떤 일을 하면 좋을까?	· 대화

		· 관련 경험을 이야기하기.	
		- 내가 잘 하는 일로 다른 사람에게 도움을 준 적이 있었니?	
		· 나에게 어떤 칭찬을 해 주고 싶은지 이야기하기.	
		- 나에게 칭찬을 한다면 뭐라고 하고 싶니?	
배려실천	4) 배려를 앞으로 자신의 생활에 반영할 수 있는 구체적인 계획을 세우고 다짐한다.	· 유치원/어린이집과 가정에서 내가 잘하는 일로 다른 사람을 도와주기로 다짐하고 실천 계획하기. - 오늘 하루 유치원/어린이집에서 선생님과 친구에게 어떤 도움을 줄 수 있겠니?	· 실천
관련활동		- 나에게 칭찬상장 주기.	· 대화 · 실천
가정연계 활동		- 나의 좋은 점을 찾아보고 칭찬해 보세요.	· 가정연계

○ '나에게 칭찬상장 주기' 활동안 예시

활동유형		언어
활동명		**나에게 칭찬상상 주기**
활동자료		상장, 싸인펜, 색연필
활동목표		· 자신이 잘 하는 것을 알아본다. · 칭찬하고 싶은 나의 모습을 알아본다. · 칭찬하고 싶은 내용을 글로 표현해 본다.
활동 방법	도입	· 자신이 가진 특별한 점을 소개한다. · 자신을 칭찬할만한 점을 찾아보고 이야기한다. · 자신을 칭찬할 수 있는 방법에는 어떤 것이 있는지 이야기한다.
	전개	· 칭찬 상장 만드는 방법을 소개한다. - 상장에 대해 소개한다. - 나의 칭찬할 점을 생각한다. - 칭찬 상장에 이름을 적고 칭찬 내용을 기록한다.
	마무리	· 상장을 보며 친구들에게 소개한다. · 활동을 평가하는 시간을 갖는다. - 어려웠던 점, 새롭게 알게 된 점, 친구들의 소개를 듣고 느낀점에 대해 이야기한다.

이 프로그램은 이야기 나누기 활동 중심으로 이루어지므로 매주 진행되는 주제 안에서 배려요소가 포함된 이야기 자료를 제작하여 사용한다. 이 그림자료는 유아가 배려의 상황을 쉽고 명확하게 인식할 수 있도록 하는 데 도움을 준다. 이야기 나누기와 관련된 추후 활동으로 미술활동, 음률활동, 토의, 언어활동을 하므로 다양한 미술자료와 쓰기자료 등을 사용하였다. 또한 가정연계 활동으로 '배려노트'를 제작하여 일주일에 한 번씩 부모가 함께 글과 그림으로 기록하도록 한다. 교실 내 흥미영역에서는 배려영역을 마련하여 유아가 자유롭게 배려한 내용을 글이나 그림으로 표현할 수 있도록 자료를 준비한다. 이 프로그램에서 사용한 교수자료는 다음과 같다.

○ **프로그램에 사용한 교수자료**

회기	활동명	교수자료		
		이야기 나누기	연계활동	가정연계 및 흥미영역
1	배려를 알아요	· 배려가 필요한 상황 그림: '전화 받는 엄마를 위해 목소리를 낮추는 것', '웃어른께 자리를 양보하는 것', '뒷사람을 위해 문을 잡아 주어야 하는 것을 지키지 않는 것', '친구 옆에서 귓속말 하는 것', '우는 친구를 위로하는 것', '좋은 일이 생긴 친구를 축하해 주는 것', '식당에서 뛰어 다니는 것', '다친 친구의 가방을 대신 들어주는 것'	종이컵, 색종이, 싸인펜	· 배려노트 · 메모지 · 쓰기도구
2	나는 어떤 친구 일까요?	· '곰과 두 친구' 이야기: 융판 자료	내가 곰이라면 무슨 말을 했을까?' 활동지	
3	함께 하면 즐거워요	· 봄맞이 대청소 상황 그림: '영역별로 함께 청소하는 아이', '혼자만 정리 안 하고 놀이하고 있는 아이', '함께 물건을 드는 아이', '줄을 서서 손을 씻고 있는 아이', '뛰어다니는 아이' 등	검정도화지, 색종이, 풀	

4	무지갯빛 세상	· '무지갯빛 세상' 동화: 싹이 열매를 맺기까지의 내용이 담긴 이야기를 각색한 판동화(출처: 코레일, 2015)	모종, 물뿌리개	
5	배려하는 동물	· 배려하는 돌고래 그림: '다이버를 구한 상황', '친구를 숨 쉬도록 도와주는 상황', '사람들이 마음을 치료하는 상황', '노래를 불러 동료를 기쁘게 하는 상황' 등	돌고래 도안, 콜라주 재료	
6	서로의 입장이 되어 보아요	· '소와 사자' 동화: 융판 자료 (출처: 좋은나무 성품학교)	음식사진이 있는 전단지, 풀, 가위, 도화지, 색연필	
7	생명은 소중해요	· 동물을 배려하는 상황 그림: '유기견 보호소 사진', '잠자는 개 찌르는 그림', '입 맞추기 그림', '버리고 가는 그림', '개꼬리 잡아당기는 그림', '예방접종 하는 그림', '목욕시키는 그림', '개한테 돌 던지는 모습' 등	인형, 바구니 등 게임자료	
8	나를 배려해요	· 나를 배려하는 행동 그림: '깨끗하게 씻기', '횡단보도 잘 건너기', '옷 적절하게 입기', '꿈을 갖기', '친구와 사이좋게 지내기', '질서 지키기', '규칙적인 생활하기' 등	음률활동 자료	
0	나를 칭찬해요	· 재능기부 사례 그림: '벽화 그리기', '출장미용', '경로당에 전기설비 고쳐 수기', '소아암 환자에게 가발 주기', '목욕봉사 하기'	상장, 색종이, 필기도구	
10	나눔으로 사랑을 실천해요	· '의좋은 형제' 동화: 자석 동화 자료	편지지, 필기도구	
11	함께 만드는 행복한 가정	· 가정에서의 배려행동 그림: '부모님이 우리 가족을 위해 하시는 일', '내가 가정에서 도울 수 있는 상황	동화책, 동극 준비물	
12	공공질서를 지켜요	· 공공장소에서의 배려행동 그림: '버스', '지하철', '박물관이나 공연장', '거리'	편지지, 필기도구	

이 프로그램이 진행되는 동안 실험 집단의 유치원은 1학기를 '배려학기'로 선정하고 이를 학부모들에게 공지하였으며, 부모 간담회를 통해 배려교육과 관련된 부모의 의견을 취합하여 프로그램의 내용에

반영하였다. 프로그램의 일정과 내용은 프로그램이 적용되기 전에 미리 가정통신문을 통해 전달되었다.

또한, 매주 가정에 보내는 '배려노트'를 통해 유아가 배려한 내용을 부모와 함께 이야기를 나누고 글이나 그림으로 기록한 뒤 그 결과물을 유치원으로 가져와서 이야기 나누기 시간에 발표하도록 하였으며, 배려교육이 진행되는 동안 유아 행동 및 태도의 변화나 부모가 느끼는 양육의 어려운 점들에 대한 대화가 상담을 통해 이루어졌다.

이와 같이 가정연계 활동은 가정에서 유치원으로, 유치원에서 가정으로 이어지는 순환적인 구조로 전개되었다. 또한 교실에서 이루어지는 배려교육 활동은 생활주제 안에서 배려요소가 포함된 그림 자료를 활용하여 이야기를 나눈 후 조형, 언어, 음률 등 다양한 추후활동을 통합적으로 실시하였으며 흥미영역 중 배려영역을 마련하여 자유선택 활동 시간에 자신이 배려한 내용과 배려의 말을 기록하는 활동을 하였다. 교사들은 프로그램이 실시되지 않는 다른 날에도 유아들과 배려해야 할 상황이 있을 때마다 모범을 보이고 이야기를 나누었다.

이렇게 12회기의 프로그램을 실시한 후 실험 집단의 사전-사후 검사에서 유아의 사회적 추론 능력과 친사회적 행동, 언어표현력에서 유의미한 효과가 확인되었다.

첫째, 본 프로그램에 참여한 실험 집단 유아의 사회적 추론능력의 점수가 비교 집단의 유아보다 통계적으로 유의미하게 향상된 것으로 나타났다. 하위요소를 보면 도움행동의 점수가 실험 집단과 비교 집단 간에 통계적으로 유의미한 차이를 보였는데 즉, 가정연계를 통한 유아 배려교육 프로그램이 사회적 추론능력 중 도움행동에 긍정적인 영향을 미치는 것으로 나타났다.

둘째, 본 프로그램에 참여한 실험 집단 유아의 친사회적 행동 점수가 비교 집단의 유아보다 통계적으로 유의미하게 향상된 것으로 나타났다. 하위요소별로 보면, 지도성, 도움 주기, 의사소통, 주도적 배려, 접근 시도하기, 나누기, 감정이입 및 조절하기 점수에서 실험 집단과 비교 집단 간에 통계적으로 유의미한 차이를 보였는데 즉, 가정연계를 통한 유아 배려교육 프로그램이 친사회적 행동의 하위요소 전체에 긍정적인 영향을 미치는 것으로 나타났다.

셋째, 본 프로그램에 참여한 실험 집단 유아의 언어표현력 점수가 비교 집단의 유아보다 통계적으로 유의미하게 향상된 것으로 나타났다. 언어표현력 점수는 내용이 일치하는 이야기 꾸미기와 연계성 있는 이야기 꾸미기의 두 영역으로 이루어져 있는데 하위 요소별로 보면, 내용이 일치하는 이야기 꾸미기 영역 중 단어 수, 내용의 일치성, 내용의 연계성, 창의적 표현 점수에서 실험 집단과 비교 집단 간에 통계적으로 유의미한 차이를 보였다.

즉, 유아 배려교육 프로그램이 내용이 일치하는 이야기 꾸미기 영역 중 단어 수, 내용의 일치성, 내용의 연계성, 창의적 표현에 긍정적인 영향을 미치는 것으로 나타났다. 또한 연계성 있는 이야기 꾸미기 영역 중 연계성 점수에서 실험 집단과 비교 집단 간에 통계적으로 유의미한 차이를 보였는데 즉, 가정연계를 통한 유아 배려교육 프로그램이 연계성 있는 이야기 꾸미기 영역 중 연계성에 긍정적인 영향을 미치는 것으로 나타났다.

• 사회적 추론 능력과 친사회적 행동, 언어표현력의 정의는 다음과 같다.

① 사회적 추론

사회적 추론은 상대방의 만족과 필요를 위해 자신의 희생을 감수하기로 선택해야 하는 상황에서의 추론으로 정의한다. 즉, 자신의 욕구와 타인의 필요 중에서 어느 쪽을 만족시킬 것인지를 선택하는 갈등 상황에서의 추론을 의미한다.

② 친사회적 행동

친사회적 행동은 타인과의 관계에서 사회적으로 바람직한 행동을 보이는 것으로 긍정적인 보상을 얻거나 벌을 피하려는 의도가 아닌 타인에 대한 순수한 관심과 내적인 가치에 의해 동기화된 타인을 이롭게 하는 행동으로 정의한다.

③ 언어표현력

언어표현력은 자신의 의견이나 느낌을 말이나 글로 표현하는 능력을 의미한다. 자신의 어휘력을 바탕으로 단어를 나열하거나 연결하여 문장을 만들고 또한 문장을 맥락에 맞게 연결하여 표현하는 능력을 포함한다.

맺음말

이 책에서는 유아기 아동의 배려행동에 관한 이론적인 고찰과 실천적인 방법들을 두루 다루었다. 마지막 장에서는 유아교육기관에서 적용할 수 있는 실천 프로그램들도 소개하였다. 또한, 구체적으로 일상에서 실천할 수 있는 좋은 팁이 많이 들어있으니 표시해 두고 자수 꺼내서 읽어 보면 좋겠다. 아이들도, 교사나 부모도 모두 연습을 통해 배려행동을 기를 수 있다. 거듭 강조하지만 어린이집과 유치원의 배려교육 프로그램에서 가정과 연계된 활동이 반드시 포함되도록 하는 것이 중요하다.

"한 아이를 키우려면 온 마을이 필요하다"는 속담은 아이를 양육하는 데 있어서 부모뿐만 아니라 지역 사회 전체의 관심과 지원이 중요하다는 의미를 담고 있다. 아이가 건강하게 성장하기 위해서는 가정, 학교, 이웃 등 다양한 환경의 도움이 필요하다. 배려 중심의 인성교육프로그램은 유아 개인뿐 아니라 교육기관, 가정, 지역사회 등 다양한 사회 구성원들이 함께 동참할 수 있고, 개인적 실천은 환경과 생태를 배려하는 것에도 확장된다.

 아이는 혼자서는 자라지 않고, 주변 사람들의 상호작용 속에서 배우고 성장한다. 여기에 동참하는 어른들도 공감과 배려의 실천을 통해서 함께 성장하고 성숙한 공동체를 만들어 가면 좋겠다. 일상에서 작은 배려 실천 운동을 펼쳐 간다면 더 온정적이고 타인을 배려하는 사회가 만들어질 수 있다고 믿는다.

참고문헌

1장

1. Benenson JF, Pascoe J, Radmore N (2007). Children's altruistic behavior in the dictator game. Evol Hum Behav 28: 168-175.
2. Fehr E, Bernhard H, Rockenbach B (2008). Egalitarianism in young children. Nature.
3. Marco F. H. Schmidt and Jessica A. Sommerville (2011), .Fairness and Altruism in 15-Month-Old Infants: A Developmental Study. PLOS ONE, 6(10).
4. 리처드 도킨스 저, 홍역남, 이상임 역 (2018). 《이기적 유전자》(The Selfish Gene).
5. 요하임 바우어 저, 장윤경 역 (2022). 《공감하는 유전자》(Das empathische Gen).
6. 윤지영 (2024). 《WHY - 돈, 직업, 시간 그리고 존재를 묻다》.
7. Lutz, Fantuzzo, & McDermott (2002). Multidimensional assessment of emotional and behavioral adjustment problems of low-income preschool children: Development and initial validation. Early Childhood Research Quarterly, 17, 338-355.
8. 이춘희 (2009). 《유아의 배려적 사고 교육》. 창지사.
9. 이춘희 (2008). 철학적 탐구공동체 활동을 통한 유아의 배려적 사고 증진에 관한 연구, 동덕여자대학교 박사학위논문.
10. 박영희, 박은경 (2005). 어머니의 양육태도와 유아의 친사회적 행동 동기에 관한 연구. 한국유아교육연구, 2(1), 67-88;
11. 손남숙, 이숙희 (2008). 부모의 양육태도가 만 4세-6세 유아의 사회성 발달에 미치는 영향. 미래유아교육학회지, 15(2), 49-77
12. 한명숙 (2007). 아버지의 놀이 참여와 유아의 사회적 능력 간의 관계. 중앙대학교 석사학위논문.
13. 민혜영 (1998). 유아의 사회성 발달에 영향을 미치는 환경변인과 개인 내적변인들에 관한 연구. 이화여자대학교 박사학위논문
14. Bullock & Pennington (1988). The relationship between parental perceptions of the family environment and children's perceived competence. Child Study Journal, 18, 17-31
15. Cassidy, Parke, Butkovsky & Braungart (1992). Family-peer connections: The roles of emotional expressiveness within the family and children's understanding of emotions. Child Development, 63, 603-618.

2장

1. 한명숙 (2013). 유아의 배려행동에 영향을 미치는 가정환경 관련 변인들의 구조적 관계- 가족건강성, 모자상호작용, 가정환경자극을 중심으로. 중앙대학교 박사학위논문.

2. 박병춘 (2002). 《배려윤리와 도덕교육》

3. Mayeroff (1971). 《On Caring》. NY: Harper & Row.

4. Gilligan (1982). 《In a Different Voice》. Cambridge: Harvard University Press. 허란주 역 (1997). 《심리이론과 여성의 발달》. 서울: 철학과 현실사.

5. Noddings (1984). 《Caring: Feminine Approach to Ethics and Moral Education》. LA: University of California Press.

6. Fisher와 Tronto (1991). 《Toward a Feminist Theory of Care. In Emily Abel and Margaret Nelson, Circle of Care: Work and identity in Women's Lives》. NY: State University of New York Press.

7. Tarlow (1996). Caring: A Negotiated Process That Varies. In S. Gordon, P. Benner, & N. Noddings(eds), Caregiving: Reading in Knowledge, Practice, Ethics, and Politics. Philadelphia: University of Pennsylvania Press.

8. Lipman (1995). Caring as thinking. Inquiry: Critical thinking across the disciplines, 15(1), 1-13; Lipman (2003). 《Thinking in education》. 2nd ed. New York: Cambridge University Press.

9. 이춘희(2008)에서는 Active thinking을 '행동적 사고'로 번역하였으나, 본 연구에서는 배려적 사고를 배려행동으로 사용하므로 표현상의 어색함을 피하기 위하여 이를 '능동적 사고'로 번역하여 배려행동의 다섯 번째 유형을 나타낼 때 '능동적 행동'이라는 용어로 사용하였다.

10. 윤성운, 성은영 (2012). 유아 배려교육의 개념 및 실제에 대한 어린이집 교사들의 인식 탐색. 유아교육학논집, 16(1), 351-374.

11. Sharp (2000). The doll hospital. IAPC. ACER Press.

12. 이연수, 김성희 (2009). 초등학생용 배려 척도 개발. 상담학연구, 10(4), 2479-2493.

13. 양미진 외 (2008). 초등학생의 학교폭력 예방을 위한 배려증진프로그램 개발. 2008 청소년상담연구. 서울: 한국청소년상담원.

14. 김소영 (2005). 중학생의 배려심: 요인구조 및 관련변인. 창원대학교 석사학위논문.

15. 이택상 (2007). 배려윤리를 적용한 통일교육 교수·학습 방안 연구. 춘천교육대학교 석사학위논문.

16. 이보라 (2007). 배려 윤리 실천 프로그램 적용에 따른 효과 연구. 공주교육대학교 석사학위논문.

17. 박찬옥, 황지영 (2012). 그림책을 활용한 배려활동이 유아의 자아존중감 및 친사회적 행동에 미치는 효과. 한국교육문제연구, 30(4), 221-244.

18. 정대련, 정연경 (2001). 유아용 그림책에 관한 패페미니즘적 접근. 아동학회지, 22(2), 329-346.

19. 정연경, 정대련 (2004). A. S. 로벨의 아동문학 작품에 나타난 배려적 사고. 어린이 문학교육 연구, 5(2), 131-157.

20. 박찬옥, 이예숙 (2015). 유아 배려 검사도구 개발. 유아교육학논집. 19(4). 49-67.

21. 김정림, 양옥승 (2016). 유아 배려행동 척도의 개발. 유아교육학논집. 20(3). 135-164.

22. Peter Salovey and John D. Mayer. Emotional Intelligence. 9(3).

23. 진다연 (2023). "공감도 지능이다?- 지능이기에 발전할 수 있다". 한국심리학신문.

24. 진다연 (2023). "공감도 지능이다?(2)- mind set, 믿음을 기반으로". 한국심리학신문.

25. Bellet, Paul S.; Michael J. Maloney (1991). The importance of empathy as an interviewing skill in medicine. 《JAMA》 226 (13): 1831-1832.

26. Rothschild, B. (with Rand, M. L.) (2006). Help for the Helper: The psychophysiology of compassion fatigue and vicarious trauma.

27. 오명자, 신유림 (2019). 유아의 사회적 선호도 및 영향력과 공감능력, 공격성 및 자아존중감의 관련성. 한국보육학회지, 19(3), 171-182.

28. 이정애 (2018). 부모-자녀 상호작용과 유아 친사회적 행동 및 공감능력과의 관계 연구: 공감능력의 매개효과를 중심으로. 유아교육연구, 38(4), 5-23.

29. 권정윤, 황인주 (2013). 유아를 위한 비폭력 의사소통 프로그램이 또래유능성과 공감능력에 미치는 효과. 유아교육연구, 33(1), 361-387.

30. 천우영(2016). 교사용 유아 공감능력 검사도구의 개발 연구. 중앙대학교 박사학위논문.

31. Mary Gordon 저, 문희경 역 (2010). 《공감의 뿌리》(Roots of Empathy).

32. 김해정 (2015). 어머니의 언어통제 유형과 유아의 자기조절력의 관계에 대한 조망수용능력의 매개효과. 부경대학교 석사학위논문.

33. Flavell, J. H., Miller, P. H., & Miller, S. A. (1993). (3rd ed., pp. 76-130, 173-227). New Jersey: Prentice-Hall.

34. 이석순 (1999). 유아의 공감 발달을 위한 방안 연구. 한국영유아보육학회. 0(19). 239-266.

35. 임영숙, 김밀양 (2021). 유아용 자기보고식 공감능력 척도 개발 연구. 열린유아교육연구. 26(6). 183-213.

36. Amanda B. Chan, Georgette E. Fleming, Silvana Kaouar, and Eva R. Kimonis. The measure of empathy in early childhood: Testing the reliability, validity, and clinical utility of scores in early childhood. Psychological Assessment. Sep, 2023.

37. 우지연, 최일선 (2018). 공감교육활동이 유아의 정서지능과 배려적 사고에 미치는 영향. 어린이문학교육연구. 19(3). 189~206.

38. 권민정, 문미숙, 조동혁 (2022). 공감활동이 유아 정서조절능력과 배려행동에 미치는 영향에 대한 연구. 글로벌경영학회지. 19(5). 113~132.

39. Combe, K. L. (2021). Empathy and prosocial behavior in early childhood: A review. Journal of Health Visiting, 9(9), 380-390.

40. Sabbiana Cunsolo, Dominic Richardson and Marloes Vrolijk (2021). How empathizing develops and affects well-being throughout childhood. Office of Research - Innocenti Working Paper WP 2021-13(Dec 2021). Unicef.

41. Hang Liu, Yuning Zhu, Xiaoqi Cai, Zhengmei Ma, Lu Wang (). The relationship between maternal and infant empathy: The mediating role of responsive parenting. Front. Psychol. 13:1061551.

42. 공영숙, 임지영, 안선정, 이윤정 (2022). 어머니의 인지적 공감능력이 유아의 실행기능에 미치는 영향: 유아 배려행동과 행복감의 매개효과. Human Ecology Research. 60(1). .99-113.

43. Susan Fishman (2022). 8 Ways for Parents to Promote Prosocial Behavior in Early Childhood. Psych Central. (https://psychcentral.com/health)

44. Ariel Knafo and Robert Plomin (2006). Parental Discipline and Affection and Children's Prosocial Behavior: Genetic and Environmental Links. Journal of Personality and Social Psychology. 90(1) 147-164.

45. Richard B. Slatcher and Christopher J. Trentacosta (2012). Influences of Parent and Child Negative Emotionality on Young Children's Everyday Behaviors. Emotion. 12(5). 932-942.

46. Wang, Q. et al. (2024). Parental Burnout and Prosocial Behavior among Chinese Adolescents: The Role of Empathy. Behavioral Sciences. 14(17).

3장

1. 한명숙, 서선숙 (2013). 가정의 사회경제적 배경과 가정환경자극 및 유아의 상호작용적 또래놀이 간의 구조분석. 생태유아교육연구. 12(1). 27-47.

2. 한명숙 (2013). 가정환경자극 및 모-자 상호작용과 유아의 상호작용적 또래놀이 간의 관계구조분석. 한국보육지원학회지, 9(2). 311-330.

3. 한명숙 (2015). 부모의 스트로크가 유아의 인성, 자기조절능력, 문제행동에 미치는 영향. 열린유아교육연구. 20(3). 49-72.

4. 한명숙 (2016). 부모의 인성 리더십이 유아의 자기조절능력 및 문제행동에 미치는 영향과 유아 인성의 매개효과. 한국보육학회지. 16(1). 121-140.

5. 한명숙 (2015). 부모의 인성지향적 지도가 자기조절능력, 문제행동에 미치는 영향 유아 인성의 매개효과를 중심으로. 미래유아교육학회지. 22(4). 105-123.

6. 한명숙 (2012). 어머니의 행복감 및 자아분화와 어머니-자녀 상호작용과의 관계. 생태유아교육연구. 11(3). 57-76.

7. Lutz, M. N., Fantuzzo, J., & Mcdermott, P. (2002). Multidimensional assessment of emotional and behavioral adjustment problems of low-income preschool children: Development and initial validation. Early Childhood Research Quarterly, 17, 338-355.

8. Rubin, K. H., Bukowski, W., & Parker, J. (1998). Peer interactions, relationships, and groups. In W. Damon & N. Eisenberg(Eds.), Handbook of child psychology(Vol.3) : Social emotional and personallty development(5th ed., pp.619-700). NY: John Wiley & Sons.

9. Coie, J. D., Dodge, K. A., & Kupersmidt, J. B. (1990). Peer group behavior and social status. In S. R. Asher & J. D. Coie(Eds.), Peer rejection in chilhood(pp.17-59). NY: Cabridge University Press.

10. 최혜영, 신혜영 (2008). 아동 또래 놀이행동 척도(PIPPS)의 국내적용을 위한 타당화 연구. 아동학회지, 29(3), 1-16.

11. 이진화 (2009). 어머니의 놀이신념 및 양육행동과 유아의 상호작용적 또래놀이와의 관계. 유아교육·보육행정연구, 13(2), 327-344.

12. Fantuzzo, J., Sutton-Smith, B., Coolahan, K., Manz, P.H., Canning, S., & Dehnam, D. (1995). Assessment of preschool play interaction behavior in young low-income children : Penn Interactive Play Scale. Early Childhood Research Quaterly, 10, 105-120.

13. Nelson, L. J., Rubin, K. H., & Fox, N. A. (2005). Social withdrawal, observed peer acceptance, and the development of self-perceptions in

children ages 4 to 7 years. Early Childhood Research Quaterly, 20, 185-200.

14. 황윤세 (2007). 유아의 기질, 자기조절력과 상호작용적 또래놀이와의 관계. 열린유아교육연구, 12(1), 145-166.

15. 박진재 (2001). 아동의 또래 관계 증진을 위한 사회적 기술 중재 프로그램의 효과. 연세대학교 대학원 박사학위논문.

16. 최혜영 (2004). 아동의 또래 상호작용과 교사신념 및 교사행동 간의 관계. 연세대학교 대학원 박사학위논문.

17. 하지영 (2011). 영아의 교사 및 또래와의 상호작용에 관한 단기 종단 연구. 경희대학교 대학원 박사학위논문.

18. Holloway, S. D., & Rechhar-Erickson, M. (1988). The relationship of day care quality to children's free-play behavior and social problem-solving skills. Early Childhood Research Quarterly, 3, 39-53.

19. Fantuzzo, J., Coolahan, K., Mendez, J., McDermott, & Sutton-Smith, B. (1998). Contextually-relevant validation of peer play constructs with African American head start children : Penn Interactive Play Scale. Early Childhood Research Quaterly, 13, 105-120

20. 박희숙 (2008). 유아 학습행동 관련변인의 인과적 구조 분석: 가정의 사회경제적 배경과 가정 환경 자극을 중심으로. 열린유아교육연구, 13(6), 335-351.

21. Brooks-Gunn, J., & Duncan, G. J. (1997). The effects of poverty on children and youth. The Future of Children, 7, 55-71.

22. Jackson, A. P., Brooks-Gunn, J., Huang, C. C., & Glassman, M. (2000). Single mothers in low-wage jobs: Financial strain, parenting, and preschoolers' outcomes. Child Development, 71(5), 1409-1423.

23. Linver, M. R., Brooks-Gunn, J., & Kohen, D. E. (2002). Family processes as pathways from income to young children's development. Development Psychology, 38(5), 719-734.

24. Berne, E. (1972). What do you say after you say hello?: The psychology of human destiny. New York: Grove Press.

25. 김종호 (2007). 현역 지원병의 자아 상태와 스트로크에 관한 연구. 상담학연구, 8(1), 181-197.

26. 안연경, 이선자 (2014). 어머니의 스트로크가 유아 또래 간 인기도에 미치는 영향. 한국유아 교육·보육행정연구, 18(1), 116-134.

27. 우재현 (2004). 임상교류분석 프로그램. 대구: 정암서원.

28. 김영훈, 김민호, 이영호 (2010). 어머니의 스트로크 유형이 아동의 자아존중감에 미치는 영향. 교류분석과 심리사회치료연구, 7(1), 7-25.

29. 마지순 (2018). 유아의 배려행동에 미치는 공감능력과 대인관계형성능력의 영향. 한국산학기술학회논문지. 19(5). 418-425.

30. Kids Who Care- How can parents and teachers encourage children's caring behavior. Illinois Early Learning Project. (https:// illinoisearlylearning.org/tipsheets/kidscare/)

31. 김영하, 임진형 (2016). 유아 배려행동 척도의 개발. 육아교육연구, 20(3), 135-164.

32. 최선희 (1999). 한국인의 가족 건강성 영역에 관한 연구. 연세대학교 박사학위논문.

33. 김경은, 최은희 (2010). 가족건강성이 청소년의 학교적응에 미치는 영향-자아탄력성의 매개효과. 한국생화과학회지, 19(4), 641-653.

34. 김은열 (2002). 가족의 응집성과 유아의 자아개념 및 사회적 능력간의 관계. 건국대학교 석사학위논문.

35. 박정민 (2012). 발달지체유아 부모와 일반유아 부모의 양육태도 및 양육부담감과 가족건강성 비교연구. 대구대학교 박사학위논문.

36. 설경옥, 문혁준 (2011). 취학전 유아의 가정환경자극 및 양육효능감과 가족건강성과의 관계. 한국보육지원학회지, 7(1), 23-40.

37. 최석란 (2002). 어린이의 또래관계. 서울: 다음세대.

38. 유영주 (2004a). 새로운 가족학. 서울: 신정.

39. 아선희, 김선영 (2004). 가족의 건강성과 양육효능감 및 유아의 사회적 행동과의 관계. 대한가정학회지, 42(12), 219-230.

40. Otto, H. (1962). What is strong family? Maridge and the Family Living, 24, 77-80.

41. Stinnett, N., & Sauer, K. H. (1977). Relationship characteristics of strong families. Family perspectives, 11, 3-11.

42. Barnhill, L. R. (1979). Healthy Family Systems. The Family Coordinator, 28, 94-100.

43. 어은주, 유영주 (1995). 가족의 건강도 측정을 위한 척도개발에 관한 연구. 한국가정관리학회지, 13(1), 145-156.

44. 허봉렬 (1996). 건강한 가족이란 어떠한 가족인가? 제3회 가정의 날 기념행사. 한국건강 가족 운동본부.

45. 지영숙, 이영호 (1998). 한국가정의 건전도 측정을 위한 척도의 개발. 한국가정관리학회지, 16(4), 233-250.

46. 유계숙 (2004). 건강가족의 요소에 관한 연구 : 가족 체계와 건강성을 중심으로. 한국가족관계학회지, 9(2), 25-42.

47. 유영주 (2004b). 가족강화를 위한 한국형 가족건강성 척도 개발 연구. 한국가족관계학회지, 9(2), 119-151.

48. 한명숙 (2013). 유아의 배려행동에 영향을 미치는 가정환경 관련 변인들의 구조적 관계- 가족건강성, 모자상호작용, 가정환경자극을 중심으로. 중앙대학교 박사학위논문.

49. 박미숙, 김복영 (2018). 가족 건강성이 유아 리더십에 미치는 효과 자기 조절력과 배려적 행동의 매개효과. 홀리스틱융합교육연구. 22(4). 19-37.

50. 이영, 이정희, 김온기, 이미란, 조성연, 이정림, 유영미, 이재선, 신혜원, 나종혜, 김수연, 정지나 (2009). 영유아발달. 서울: 학지사.

51. Erikson, E. H. (1963). Childhood and society. New York.

52. Hetherington M., & Clingempeel W. G. (1992). Coping with marital transition. Monographs of the Society for Research in Child Development. 57, 1-238.

53. 서은주 (2009). 애착증진 부모교육 집단상담이 어머니의 성인애착, 자아존중감, 모-자녀 상호작용 및 양육효능감에 미치는 효과. 영남대학교 박사학위논문.

54. 김정미, 곽금주 (2007). 취학 전 빈곤아동에 대한 부모, 가정환경 자극, 사회적 지원의 영향력 탐색. 兒童學會誌, 28(4), 305-317.

55. 김혜경, 조성연 (2002). 가족형태에 따른 가정환경(HOME)과 유아의 사회·정서적 발달. 한국가족복지학, 7(2), 3-16.

56. 설경옥, 문혁준 (2011). 취학전 유아의 가정환경자극 및 양육효능감과 가족건강성과의 관계. 한국보육지원학회지, 7(1), 23-40.

57. Bradley, R. H., & Caldwell, B. M. (1979). HOME Observation for Measurement of the Environment a revision of the preschool scale. American Journal of Mental Deficiency, 84, 235-244.

58. Elardo, R., Bradley, R., & Caldwell, B. M. (1977). A Longitudinal Study of the Relation of Infants Home Environments to Language Development at Age Three. Child Development, 48, 595-603.

59. 곽금주, 김민화, 한은주 (2004). 영아-어머니의 상호작용 방식과 영아기 사회적 의사소통능력. 아동학회지, 25(5), 111-128.

60. 김정미, 곽금주 (2007). 3~6세 유아를 위한 가정환경자극 척도(EC-Home)의 타당화 연구. 아동학회지, 28(1), 115-128.

61. Caldwell, B. M., & Bradley, R. H. (2003). HOME Inventory Administration Manual: Comprehensive Edition, University of Arkansas at Little Rock.

62. 조아라 (2020). 어머니의 공감능력과 자율적 양육태도가 유아의 배려행동에 미치는 영향. 충북대학교 석사논문.

63. 김언경, 엄정애 (2013). 유아기 형제간 사회적 놀이와 형제구조, 기질, 또래유능성의 관계. 유아교육연구, 33(5), 161-179.

64. 최지영, 김미애 (2010). 유아기질과 부모양육태도가 유아의 공격성에 미치는 영향.

미래유아교육학회지, 17(4), 119-137.

65. 박희경, 정계숙 (2012). 유아의 어머니 및 아버지와의 애착과 일치 양상이 유아의 또래지위에 미치는 상대적 영향력과 보상적 영향력. 미래유아교육학회지, 19(3), 183-197.

66. 안선희 (2002). 유아의 어머니, 교사, 또래와의 관계와 유치원 적응. 미래유아교육학회지, 9(3), 163-180.

67. 조순옥 (2014). 어머니의 언어통제 유형 및 유아의 공감과 유아교육기관 적응 간의 관계. 육아지원연구, 9(1), 243-266.

68. Baumrind, D. (1991). 《Parenting Style and Adolescent Development. In Encyclopedia of Adolescence》. R. Lerner, A. Petersen, & J. Brooks-Gunn(eds.), 746-762. N. Y.: Garland Publishing Company.

69. 나는 4가지 유형 중 어떤 유형의 부모일까요. (https://www.chaisplay.com/stories/352)

70. 주정현 (2004). 부모의 양육태도가 자녀에게 미치는 영향에 관한 연구. 명지대학교 사회복지대학원 석사학위논문.

71. 김소연 (2021). 어머니의 인성 특성과 양육태도가 유아의 친 사회적 행동에 미치는 영향. 부경대 교육대학원 석사학위논문.

72. 길혜지, 황정원 (2017). 부모의 양육태도 유형에 따른 취학 전 아동의 문제행동 차이 분석. 육아정책연구, 11(1), 127~154

73. 노미나, 권연희 (2010). 어머니의 양육태도와 아동의 친사회적 행동의 관계에 대한 자기조절력의 매개효과. 대한가정학회지, 48(4), 31-41.

74. 상수정, 이은하 (2023). 어머니 행복감 군집유형에 따른 유아의 공감능력과 배려행동의 차이. 학습자중심교과교육연구, 23(10), 171-185.

75. 김재현, 이희영, 최영미 (2019). 만 3세 유아의 형제관계 구성변인 및 형제관계의 질과 또래 유능성과의 관계. 수산해양교육연구, 31(4), 1054-1066.

76. Thomas, A., Chess, S. (1977). 《Temperament and Development》. NT: Brunner/Mazel.

77. 송수미, 박애경 (2009). 유아의 기질 유형에 따른 이타행동 수준의 관계. 유아교육학논집, 13(6), 433-454.

78. 네이버 블로그 (2023). [기질 육아] 영유아 기질의 중요성 / 기질 유형에 따른 육아 / 예민한 아이. (https://blog.naver.com/heroine87/223129012307)

79. 김경미, 서현 (2018). 공감교육활동이 유아의 정서지능과 배려적 사고에 미치는 영향. 한국어린이문학교육학회지, 19(3), 189-206.

80. 이재원 (2016). 유아 정서지능의 구인 타당화 연구. 미래유아교육학회지, 23(1), 75-97.

81. 이슬기, 김세곤 (2022). 유아교사의 공감능력과 정서표현성이 유아의 배려행동에 미치는 영향. 인문사회21, 13(5), 2369-2384.

82. 방세현 (2023). 유아교사 공감능력과 유아 친사회적행동 관계에서 교사-유아 상호작용의 매개효과. 조선대학교 교육대학원 석사학위논문.

83. 박미정 (2023). 유아의 배려행동과 또래 놀이행동의 관계. 영유아교육·보육연구, 16(2), 5-23.

84. 김경미, 서현 (2018). 공감교육활동이 유아의 정서지능과 배려적 사고에 미치는 영향. 한국어린이문학교육학회지, 19(3), 189-206.

85. 김정림 (2023). 유아의 배려행동과 또래 놀이행동의 관계. 영유아교육보육연구, 16(2), 5-23.

86. 박정은 (2019). 그림책을 활용한 유아배려교육활동이 유아의 배려행동, 자아존중감 및 언어표현력에 미치는 영향. 원광대학교 박사학위논문.

87. 신윤승, 김수희 (2020). 혼합연령 인성덕목중심활동이 유아의 친사회성 및 의사소통능력에 미치는 영향. 한국생활과학회지, 29(1), 31-46.

88. 서현, 선현아, 박미자 (2014). 그림책을 활용한 마음이해 활동이유아의 공감능력과 대인문제해결사고에 미치는 효과. 유아교육연구, 34(5), 55-84.

4장

1. 박정은, 심성경 (2020). 그림책을 활용한 유아배려교육활동이 유아의 배려행동, 언어표현력에 미치는 영향. 유아교육연구, 40(3), 153-177.

2. 임정란 외 (2019). 유아 배려행동에 대한 유아 교사들의 경험과 배려교육을 위한 제안. 유아교육학논집, 23(1), 79-108.

3. 이윤정 외 (2022). 어머니의 반영기능과 유아의 공감능력, 실행기능, 배려행동 간의 구조적 관계. Human Ecology Research, 60(2), 177-186.

4. 손환희 (2023). 유아기 자녀를 둔 가족의 건강성 증진을 위한 의례 기반 컨설팅 연구. 문화예술교육연구, 18(6), 269-300.

5. 노규미, 김정민 (2020). 소집단 요리활동이 만 5세 유아의 친사회적 행동과 또래유능성에 미치는 효과. 가정과삶의질연구, 38(4), 81-95.

6. 공영숙 외 (2022). 어머니의 인지적 공감능력이 유아의 실행기능에 미치는 영향: 유아배려행동과 행복감의 매개효과. Human Ecology Research, 60(1), 99-113.

7. 문연심, 박영숙 (2017). 유아 배려교육에 관한 연구동향 분석-2006년~2018년 국내 연구를 중심으로-. 한국보육지원학회지, 14(6), 219-239.

8. 오새니, 이경옥 (2016). 배려중심의 유아 인성교육 프로그램 개발연구. 열린유아교육연구, 21(5), 137-159.

9. 박은수, 김은경 (2014). 학급차원의 긍정적 행동지원이 유아들의 친사회적 행동에 미치는 영향. 행동분석·지원연구. 1(1). 59-81.

10. 박인숙 (2015). 동화를 활용한 배려교육활동이 유아의 정서조절 및 친사회적 행동에 미치는 영향. 한국보육확회지. 15(4). 45-66.

11. 최진아 외 (2015). 학급 차원의 긍정적 행동지원이 일반 유아의 문제행동과 사회적 유능감에 미치는 영향. 특수교육저널: 이론과 실천. 16(2). 19-42.

12. 최은주, 안지령 (2013). 표준보육과정에 기초한 정서지능 교육활동이 유아의 친사회적 행동과 자아존중감에 미치는 영향. 육아정책연구. 7(1). 47-69.

13. 윤성운, 성은영 (2012). 유아 배려교육의 개념 및 실제에 대한 어린이집 교사들의 인식. 유아교육학논집. 16(1). 351-374

14. 김상희, 이병인 (2019). 통합학급에서 보편적 수준의 긍정적 행동지원이 일반유아의 친사회적 행동에 미치는 영향. 행동분석·지원연구. 6(2). 49-80.

15. 박정은, 심성경 (2020). 그림책을 활용한 유아배려교육활동이 유아의 배려행동, 언어표현력에 미치는 영향. 유아교육연구. 40(3). 153-177.

16. 안선정, 임지영 (2020). 부모의 공감능력과 유아의 공감능력, 배려행동, 행복감 간의 구조적 관계. 가정과삶의질연구. 38(2). 51-68.

17. 아이와 연령별 역할놀이 잘 하는 팁. (https://www.chaisplay.com/stories/327-아이와-연령별-역할놀이-잘-하는-팁)

18. 아이의 세상을 넓히는 '역할놀이' 이렇게 놀이주세요. (https://www.prow.kr/parenting-insights/?idx=44222666&bmode=view)

19. 장녕림 외 (2012). 유아 인성교육을 위한 교사용 부모상담 가이드북. 교육과학기술부·육아정책연구소.

20. 박영임, 장혜림 (2022). 유아교사의 공감능력과 정서표현성이 유아의 배려행동에 미치는 영향. 인문사회21. 13(5). 2369-2384.

21. 채혜경 (2019). 유아교사의 대인관계 의미 탐색. 교육혁신연구. 29(1). 467-490.

22. 자녀의 정신건강을 위한 부모의 역할. (http://www.drchoi.pe.kr/PARENT1.htm)

23. 건강하고 배려심 있는 아이로 키우는 방법. (https://edunstory.tistory.com/161)

24. 임영주 (2025). 《우리 아이를 위한 자존감 수업 (아이의 자존감을 키우는 부모의 대화법)》. 초록북스.

25. 부모양육태도에 대한 오해와 진실. (https://www.hellosmile.kr/bbs/board.php?bo_table=29&wr_id=142&page=14)

26. Josh Baro (2023). Positive Behaviour Reinforcement Strategies. (https://kipinakids.com/positive-behaviour-reinforcement-strategies)

27. Building Resilience in Children Through Positive Reinforcement. (https://www.alicepediatric.com/blog/1259174-building-resilience-in-children-through-positive-reinforcement)

28. Suitable for 1-8 years, Encouraging positive behaviour: tips. (https://raisingchildren.net.au/toddlers/behaviour/encouraging-good-behaviour/good-behaviour-tips)

29. Behavioral interventions: Strategies for Promoting Positive Behavior in Children. (https://autismcenterforkids.com/behavioral-interventions)

30. 10 Behavior Intervention Strategies for Young Students. (https://www.branchingminds.com/blog/10-behavior-intervention-strategies-for-young-students)

31. Effective Strategies for Behavioral Change in Children. (https://www.numberanalytics.com/blog/effective-strategies-behavioral-change-children)

32. Complete Guide to Managing Behavior Problems. (https://childmind.org/guide/parents-guide-to-problem-behavior)

33. 박영숙 (2021). 실천중심의 유아 배려교육 프로그램이 유아의 또래관계, 유능성과 리더십에 미치는 영향. 사회심리발달연구. 2(3). 1-26

34. 이순자 (2021). 그림책을 활용한 다양성 존중프로그램이 유아의 배려행동에 미치는 영향. 마이너리티연구. 4(1). 13-38.

35. 박정은, 심성경 (2020). 그림책을 활용한 유아배려교육활동이 유아의 배려행동, 언어표현력에 미치는 영향. 유아교육연구.40(3). 153-177.

36. 정하나 (2015). 극화놀이를 통한 유아공감능력 증진 프로그램 개발 및 효과. 중앙대학교 박사학위논문.

37. 손복영 (2017). LT협동학습을 활용한 배려교육이 유아의 배려행동 및 자기조절력에 미치는 영향. 학습자중심교과교육연구. 17(9). 195-222.

38. 나혜선, 박찬옥 (2016). 가정연계를 통한 유아 배려교육 프로그램이 유아의 사회적 추론능력과 친사회적 행동에 미치는 영향. 유아교육학논집. 20(5). 307-330.

39. 김선월, 김민정, 조형숙 (2015). 유아교육 현장에서의 인성교육-자연친화교육접근으로-. 한국교원교육학회 제67차 춘계학술대회. 69-97.

40. 신윤승, 김수희 (2020). 혼합연령 인성덕목중심활동이 유아의 친사회성 및 의사소통능력에 미치는 영향. 한국생활과학회지. 29(1). 31-46.

41. 이미화 외 (2013). 《누리과정 가정연계 어린이집 부모교육프로그램 개발-누리과정 가정연계 보육프로그램 개발을 위한 연구-》. 보건복지부 보육기반과.

42. 임정란 외 (2019). 유아 배려행동에 대한 유아 교사들의 경험과 배려교육을 위한 제안. 유아교육학논집. 23(1). 79-108.

43. 정지혜 (2020). 그림책을 활용한 유아의 인성 함양 실행연구. 제주대학교 석사학위논문.

44. 교육부 (2025). 《2024 개정 표준보육과정 (교육부고시 제2024-23호)》.

45. 교육부, 보건복지부 (2019). 《2019 개정 누리과정 해설서》.

46. 오새니 (2016). 배려중심 유아 인성교육 프로그램 개발 연구. 덕성여자대학교 박사학위논문.

47. Noddings, N. (1988). An ethic of caring its implications for instructional arrangements. American Journal of Education, 96(2), 215-230

48. 양옥승 (2004). 보살핌의 텍스트로서 유아교육과정 이해. 유아교육연구. 24(4). 247-263.

49. 조형숙 외 (2013). 《유아발달》. 서울:학지사.

50. 이정환, 김희진 (2007). 《영유아교육의 교수학습방법》. 서울 : 파란마음.

51. 문정애 (2007). 자기 배려를 위한 교육적 탐색. 교육학논총. 28(2). 58-77.

52. 박찬옥, 서동미, 엄은나 (2010). 《유아사회교육》(2판 개정판). 경기: 정민사.

53. Noddings, N. (1992). 《The challenge to care in schools: An alternative approach to education》, New York: Teachers College Press.

54. 김민성(2014). 수업에서의 인성교육 원리: 대화와 참여를 촉진하는 배움의 공동체 형성. 교육심리연구, 28(1), 117-142.

55. 박영숙 (2019). 실천중심의 유아 배려교육 프로그램 개발 및 효과. 강남대학교 박사학위논문.

56. 박정은 (2018). 그림책을 활용한 유아배려교육활동이 유아의 배려행동, 자아존중감 및 언어표현력에 미치는 영향. 원광대학교 박사학위논문.

57. 박수영 (2017). 유아의 자연친화 배려프로그램 개발 및 효과. 목포대학교 박사학위논문.

58. 정현주 (2015). 생명존중에 기초한 자연친화교육프로그램 개발 및 효과. 배재대학교 대학원 박사학위논문.

59. 김규수 (2006). 자연주의와 유아교육. 창조교육논총, 8, 1-18.

60. 오진아 (2007). 어머니의 성인애착 및 공감능력에 따른 부모-자녀관계 연구. 숙명여자대학교 대학원 석사학위논문.

61. 한현주 (2003). 놀이치료자의 공감능력과 내담아동이 지각한 치료자와의 정서적 유대. 숙명여자대학교 대학원 석사학위논문.

62. 이성진 (2005). 학령기 아동의 공감능력과 또래수용도의 관계. 이화여자대학교 대학

원 석사학위논문.

63. 송순옥 (2012). 그림책을 활용한 정서표현활동이 유아의 정서지능 및 친사회적 행동에 미치는 영향. 전남대학교 대학원. 석사학위논문.

64. 나혜선 (2016). 가정연계를 통한 유아 배려교육 프로그램 개발 및 적용 효과. 중앙대학교 박사학위논문.